순례자의 통찰력

Pilgrim's Insight

순례자의 통찰력

■
1판 1쇄 인쇄 / 2019년 2월 10일
1판 1쇄 발행 / 2019년 2월 15일

■
지은이 / 최 용 준
펴낸이 / 민 병 문
펴낸곳 / 새한기획 출판부

편집처 / 아침향기
편집주간 / 강 신 억

■
04542 서울 중구 수표로 67 천수빌딩 1106호
☎ (02) 2274-7809 • 2272-7809
FAX • (02) 2279-0090
E.mail • saehan21@chollian.net

■
미국사무실 • The Freshdailymanna
2640 Manhattan Ave. Montrose, CA 91020
☎ 818-970-7099
E.mail • freshdailymanna@hotmail.com

■
출판등록번호 / 제 2-1264호
출판등록일 / 1991. 10. 21

값 10,000원

ISBN 978-89-88521-13-5   03230

Printed in Korea

순례자의
통찰력

최용준 지음

Pilgrim's Insight

아침향기

서 문

2017년 8월부터 1년간 저는 아마도 저의 평생에 한번이자 마지막일지도 모르는 연구년을 가졌습니다. 따라서 어떻게 하면 이 시간을 가장 유익하게 보낼 수 있을까를 고심하다가 마침 2017년이 종교개혁(Reformation) 500주년이어서 이 부분에 대해 보다 깊이 연구해 보기로 하였습니다. 특히 제가 관심을 가진 것은 Reformation이란 단지 교회나 신학의 개혁만이 아니라 사회의 총체적인 변혁이요 패러다임 시프트였다는 점입니다. 따라서 이 단어를 일본으로부터 무비판적으로 수입하여 '종교개혁'이라고 부르는 것은 옳지 않다고 저는 생각합니다.

본서는 제가 연구년을 전후로 지난 2년간 매월 발표했던 칼럼들을 모은 것입니다. 위의 문제 의식을 가지고 다양한 연구와 방문한 경험을 통해 체득한 영적 통찰들을 나름대로 엮어 보았습니다.

제 1부는 '개혁의 통찰력'이라는 주제로 글들을 모아 보았습니다. Reformation 전후를 살펴보며 나름대로 새롭게 깨달은 부분들을 발표한 것입니다. 네덜란드에서 시작된 '디보치오 모데르나' 운동을 비롯하여 종교개혁의 두 선구자들 그리고 스위스의 수호 성자 클라우스 형제와 신대륙 최초의 신앙고백서인 과나바라 신앙고백 나아가 루터와 깔뱅의 부인이었던 카타리나와 이델레뜨를 살펴보고 총체적 개혁의 대표적인 모델인 제네바를 다룬 후 프랑스 개신교도들인 위그노들이 받은 박해에 대해 살펴보고 나서 지난 2017년 10월 31일 독일 비텐베르크 성교회에서 개최된 Reformation 500주년 기념 예배에 대해 고찰했습니다.

제 2부는 '변혁의 통찰력'이라는 제목을 붙였는데 유럽에서 전쟁 후 독일교회의 회개, 독일정부의 난민 정책과 메르켈 총리에 대해 다룬 후 아시아로 넘어와 홍콩과 싱가포르를 비교해 보았고 인도네시아 스티븐 통(Stephen Tong) 목사의 총체적 사역을 살펴본 후 다시 남미 브라질로 건너가 과라레마의 성탄절을 평가해 보면서 디아스포라 선교의 비전을 재확인하고 Reformation의 열매 중 하나인 여성의 지위 향상에 대해 생각해 보고 나서 4차 산업혁명이 약인지 독인지를 반성해 보았습니다.

마지막으로 제 3부는 이 세상에 살지만 이 세상에 속하지 않는 하늘나라 '순례자의 통찰력'입니다. 초대교회 바울과 바나바와 함께 구브로에 가서 살라미에서 바보까지 순례한 후 몰타로 가서 사도 바울과 성 보블리오를 만나 그들의 사역을 돌아봅니다. 그 후 사도 요한이 계시록을 썼던 밧모섬에서 세상의 끝과 하늘의 시작을 묵상한 후 독일로 돌아와 이곳에 복음을 최초로 전했던 성 보니파시우스를 따라 프릿츨라에서 도쿰까지 순례합니다. 그 후에는 발트해의 라트비아에 처음 선교했던 마인하르드 선교사가 세웠던 강 가운데 있는 교회를 바라본 후 가장 북쪽에 있는 그린란드에 복음의 씨앗을 뿌렸던 최초의 선교사 에그더를 만나 그의 사역을 고찰합니다. 그 후 홍콩으로 건너와 사찰의 승려들에게 연꽃 위의 십자가로 복음을 설명했던 라이헬트 선교사에 대해 살펴본 후 동남아 선교의 허브: 태국 치앙마이를 방문합니다. 바라기는 이러한 작은 글들이 글로벌 시대를 살아가는 그리스도인들이 천국의 샬롬을 나누며 세상을 변혁시키는 계기가 되길 바랍니다.

2019년 2월,
한동대 에벤에셀 연구실에서 저자

목차

제 1 부:
개혁의 통찰력 (Insight for Reformation)

제 2 부:
변혁의 통찰력 (Insight for Transformation)

제 3 부:
순례자의 통찰력 (Pilgrim's Insight)

PART 01

개혁의 통찰력

Insight for Reformation

'디보치오 모데르나' 운동
Devotio Moderna movement

'디보치오 모데르나(Devotio Moderna)' 운동은 14세기 후반부터 유럽에서 일어난 경건운동으로 네덜란드의 데벤터(Deventer)에서 히어트 흐로터(Geert Groote: 1340–1384, 라틴명은 Gerardus Magnus, 영문명은 Gerard Groote)에 의해 시작되었습니다. 그 후에는 그의 후계자들인 플로렌스 라더베인스(Florens Radewyns), 요한 첼레(Johan Cele) 및 토마스 아 켐피스(Thomas à Kempis) 등에 의해 15세기에 공동생활 자매단(Zusters van het Gemene Leven) 및 공동생활 형제단(Broeders van het Gemene Leven) 및 빈데스하임(Windesheim) 수도원 운동(사진 1)으로 확산되어 북유럽의 많은 지역에 큰 영향을 주었습니다. 이 형제자매단은 평신도 공동체로 초대교회 성도들의 복음적 신앙생활을 회복하기 위

사진 1

upload.wikimedia.org/wikipedia/commons/d/d9/NH_Kerk_Windesheim.jpg

해 신학적 사변이나 외면적 형식보다는 내면성의 충실을 강
조하면서 특히 당시 성직자들의 영적 타락과 도덕적 부패를
비판하며 총체적 갱신을 시도했습니다. 또한 학생들을 잘 교
육하면서 백성들의 생활환경도 개선하려고 노력했습니다.

따라서 이 운동은 중세 말기에 가톨릭교회가 부패하자 평
신도에 의해 자체적으로 일어난 영적이며 총체적인 갱신운동
으로 개인적인 기도와 말씀 묵상, 겸손과 순종 및 단순한 삶
과 같은 진정한 경건을 실천하는 동시에 말씀과 행동, 내적
및 외적 신앙 그리고 침묵과 헌신의 균형을 이루려고 노력하

면서 평신도들의 공동체적 삶과 교육을 통해 신앙의 본질을 회복하는 동시에 사회의 변혁을 추구하였습니다. 이 운동은 15세기에 네덜란드에서 꽃을 피워 다양한 분야에서 직접, 간접적으로 유럽 사회를 크게 변화시켰으며 교회개혁을 태동시켰습니다.

특히 이들은 무엇보다 성경연구에 집중하면서 구어체 및 현지어로 된 성경 보급에 힘썼고 이를 위한 필사, 인쇄 및 출판에도 선구자였습니다. 이 운동에 의해 가장 많이 알려진 토마스 아 켐피스는 유명한 '그리스도를 본받아(*De Imitatione Christi*)'를 저술하였고(사진 2), 요한 첼레는 쯔볼레(Zwolle)에 최초의 김나지움(Gymnasium)인 라틴 학교를 세워 교장으로 섬기면서 교육을 통해 다음 세대의 훌륭한 지도자들을 많이 키웠습니다. 기독교 인문주의자였던 에라스무스(Erasmus)는 데벤터의 라틴 학교 출신으로 토마스의 책 등을 통해 이 운동의 영향을 받아 '우신예찬(*Stultitiae Laus*)'을 출판하여(1511) 당시 교회의 부패를 비판하였고 헬라어 신약성경 본문을 편집, 출판하여(1516) 이후 개혁자들에게 큰 영향을 주었습니다.

나아가 루터와 깔뱅 또한 이 운동의 영향을 받았는데 가령 루터는 1497년 막데부르그(Magdeburg)에 있던 공동생활 형제단에 의해 운영되던 중등학교에 1년간 다녔는데 이때 성경

전체를 처음 읽으며 이 운동의 영향을 많이 받았고 나아가 공
동생활 형제단에 있던 베슬 한스포르트(Wessel Gansfort)가
쓴 가톨릭교회 성찬론 비판에 깊이 공감하였습니다. 깔뱅도
몽떼귀대학(Collège de Montaigu)에 있을 때 이 운동을 알게
되었는데 이 대학의 학장이었던 플레미쉬 출신의 개혁사제
얀 스탄동크(Jan Standonck)는 네덜란드의 하우다(Gouda)
에 있던 공동생활 형제단에 있었습니다. 또한 깔뱅은 스트라
스부르(Strasbourg)에 3년간 머무는 동안 이 운동의 영향을
받은 요한 슈투름(Johann Sturm)이 세운 학교에서 가르치면

서 깊은 감동을 받아 제네바 아카데미를 세울 때 큰 도움이 되었습니다.

또한 '북구의 제네바' 라고 불리던 엠든(Emden)에서 활동하던 개혁자들도 이 운동의 영향을 많이 받았습니다. 따라서 이 운동은 종교개혁으로 열매 맺게 되었으며 지금도 데벤터에는 흐로터 기념관(www.geertgrootehuis.nl)이 있습니다.

최근 이 운동은 다시 큰 관심을 끌어 이 운동의 발상지인 데벤터의 하이데마(Heidema) 시장 및 쯔볼레의 메이어(Meijer) 시장은 많은 영역에 이 운동의 유산을 함께 발전시키기로 양해각서를 체결했고 네덜란드 정부도 이 운동과 관련된 트레킹(zwolle.christenunie.nl/modernedevotie) 및 자전거 코스를 개발하여 더 많은 분들이 자신 및 지역적 정체성을 찾도록 도움을 주고 있으며 이 운동이 유네스코 세계유산으로 등재될 수 있다고 보는 분들도 있습니다. 현재 이 운동은 네덜란드의 밍크 드 프리스(Mink de Vries)에 의해 새로운 부흥을 맞이하고 있는데 그는 토마스의 책을 현대 네덜란드어로 다시 번역하여 출판하였고(2008) 이 시대에 접목하기 위해 새로운 웹사이트(postmodernedevotie.nl)를 개설하여 다양한 활동을 펼치고 있습니다.

요컨대 이 운동은 무엇보다 개인 경건과 함께 참된 공동체를 회복하고 참된 교육을 통해 사회변혁을 추구했으며 철저히 평신도들 중심적인 동시에 여성들도 매우 적극적으로 참여했습니다. 결국 이 운동은 정치 경제 사회 문화 등 모든 면에서 개혁을 추구했습니다. 따라서 한국 교회 및 기독인들은 이 운동의 역사를 새롭게 연구하고 본받아 이 시대에 새롭게 적용함으로 책임과 사명을 잘 감당해야 할 것입니다. (롬 12:1-2)

종교개혁의 두 선구자들
Two pioneers of the Reformation

종교개혁 500주년에 연구년을 갖게 된 저는 지난 2017년 9월 5일(화)부터 28일(목)까지 독일 북서쪽에 있는 니더작센(Niedersachsen)주의 엠든(Emden)이라고 하는 항구도시에 있는 요하네스 아 라스코 도서관(Johannes a Lasco Bibliothek)에서 엠든의 종교개혁에 관해 연구하였습니다.[1] 이 연구를 진행하면서 이곳에서의 종교개혁은 갑자기 일어난 것이 아니라 이미 오래 전부터 선구자들에 의해 시작된 연속적인 운동임을 알게 되었습니다. 그 대표적인 것 두 가지만 언급하겠습니다.

첫 번째는 바로 앞서 언급한 '디보치오 모데르나(Devotio

---

1) 보다 자세한 내용은 최용준 (2017), "엠든(Emden)의 종교개혁과 변혁에 관한 역사적 고찰", 신앙과 학문, 22권 4호(통권 73호), 197-225 참고.

Moderna)' 운동입니다. 이 운동은 1378년 히어트 흐로터 (Geert Grote)에 의해 네덜란드의 데벤터(Deventer)에서 시작된 경건 운동인데 14-15세기에 쯔볼레(Zwolle)의 '공동생활 형제단(Broeders van het Gemene Leven)' 운동으로 확산되어 북유럽의 많은 지역에 큰 영향을 주었습니다. 이들 형제단원들은 초대 교회 성도들의 복음적 신앙생활을 회복하기 위해 신학적 사변이나 외면적 형식보다는 겸손, 순종 및 단순한 삶을 강조하면서 영적 내면성의 충실 및 수도원 개혁 그리고 믿음이 약화된 성직자들의 재교육에 힘썼다고 합니다. 이들은 또한 신약성경을 헬라어로 읽으며 성경연구에 집중했고 구어체로 된 성경의 보급을 힘썼으며 이러한 목적을 위한 인쇄 출판에 있어서도 선구자였습니다. "그리스도를 본받아 (The Imitation of Christ)"를 저술한 토마스 아 켐피스 (Thomas à Kempis, 1380-1471)가 이 운동의 대표라고 할 수 있습니다. 또한 에라스무스(Erasmus of Rotterdam)도 이 운동의 영향을 받아 기독교 인문주의자로 "우신예찬(*Stultitiae Laus*)"을 출판하여 교회의 부패에 대해 비판하였고 헬라어 신약성경의 본문을 편집하여 1516년에 출판했습니다. 이 운동은 결국 개신교 종교개혁으로 열매 맺게 되는 것을 볼 수 있습니다. 지금도 데벤터에는 흐로터 기념관(www.geertgroot ehuis.nl)이 있습니다. (사진 1)

사진 1 media-cdn.tripadvisor.com/media/photo-s/0a/03/af/
01/geert-groote-huis.jpg

이와 연결하여 언급할 두 번째는 네덜란드 북부 흐로닝겐 (Groningen) 북쪽 8km에 있던 아두아르드(Aduard)라는 마을에 있던 시토 수도원(Cistercian abbey)에서 일어난 인문주의 운동입니다. 이 수도원은 1192년에 설립되어 북유럽에서 가장 큰 규모였으나 종교개혁이 일어나면서 1580년에 없어졌고 지금은 당시 병원(지금은 예배당, 사진 2)으로 쓰이던 건물과 박물관만 남아 있습니다. 이곳은 당시 북유럽의 기독교인문주의 교육의 중심지로 15세기 중반에 전성기를 구가하며 북부 유럽의 많은 학자들이 모여들어 소위 '아두아르드 서클(Aduard circle)'을 형성하여 다양한 토론을 하게 되는데 그 중에 에라스무스보다 앞선 인문주의자였던 루돌프 아그리콜라(Rudolf Agricola, 1443-1485), 종교개혁의 선구자였던 베

슬 한스포르트(Wessel Gansfort, 1419-1489) 및 독일에서
온 알렉산더 헤기우스(Alexander Hegius, ca. 1439-1498)가
대표적인 인물들입니다. 이 중에서도 한스포르트는 이미 면
죄부, 교황권 및 가톨릭의 성만찬 교리에 대해 비판하면서 성
경연구를 강조하여 루터에게도 영향을 주었습니다. 이곳 출
신으로 독일 브레멘(Bremen)와 엠든에서 개혁운동을 주도했
던 알버트 하르덴베르그(Albertus Hardenberg)는 나중에 루
터의 후계자였던 필립 멜랑흐톤(Philipp Melanchthon)에게
도 큰 영향을 주었습니다.

독일 루터의 종교개혁 이전에는 체코 프라하에서 루터보다 100년 전에 얀 후스(Jan Hus)가 개혁운동을 하다가 화형에 처해졌습니다. 하지만 그는 "나는 거위로 죽지만 100년 후 하나님께서 백조를 보내셔서 개혁운동을 일으키실 것이다"라고 예언했는데 그대로 이루어져 루터가 나타났으며 따라서 루터 교회의 십자가에는 백조가 있는 것을 볼 수 있습니다. 예수 그리스도께서 오시기 전에도 수많은 예언자들이 있었고 특별히 세례자 요한이 먼저 와서 주님의 길을 예비했던 것을 우리는 기억합니다. 이 선구자들은 시대에 맡겨진 자신의 사명에 충실했고 따라서 그들의 섬김과 희생은 결코 헛되지 않았습니다. 그러므로 우리도 이 시대의 사명이 무엇인지 늘 기억하면서 장차 완성될 하나님 나라의 선구자로 살아 가야 하겠습니다. (마 3:3; 막 1:3; 눅 3:4; 요 1:23)

스위스의 수호 성자
클라우스 형제

Bruder Klaus, the patron saint of Switzerland

얼마 전 저는 의심 많던 도마가 부활하신 주님을 만난 후 "나의 주 나의 하나님"이라고 고백한 내용에 관해 리서치 하던 중, 동일한 제목으로 유명한 기도문을 남긴 한 분을 알게 되었습니다. 이 분은 스위스 및 세계 많은 나라에서 영적으로 매우 존경받는 클라우스 형제입니다. (사진 1)

클라우스 형제의 본명은 니클라우스 폰 플뤼에(Niklaus von Flüe: 1417-1487)입니다. 1417년 운터발

사진 1
www.bruderklaus.com/image
s/brklaus/000195.jpg

덴(Unterwalden)이라는 지역에서 부유한 농부의 첫째 아들로 태어났습니다. 21세에 입대한 후 스위스연방에 반발했던 취리히를 상대로 싸운 라가즈(Ragaz) 전투(1446)에 참전하여 큰 공을 세웠습니다. 나중에는 투르가우(Thurgau) 전쟁 (1460)에도 참전하여 오스트리아의 지기스문트 대공 (Archduke Sigismund)과도 싸워 승리했습니다. 하지만 승전 후에 그의 조언으로 오스트리아의 성 카타리넨탈 도미니칸 수도원(Dominican convent St. Katharinental)은 파괴되지 않았으며 적군들에게도 최소한의 상처만 주었다고 합니다. 30세에 그는 도로테아 베이스(Dorothea Wyss)와 결혼하여 작셀른(Sachseln) 위의 언덕인 플뤼엘리(Flüeli)에서 농사를 지으며 슬하에 5남 5녀를 두었습니다. 37세까지 군대에도 복무하여 대위까지 진급했으며 그 후 1459년에는 그 지역의 판사로도 일하면서 각종 지역 분쟁의 조정자 역할을 했습니다.

하지만 어느 날 말이 백합을 먹는 신비한 환상을 본 후 그는 이것을 세속적인 삶이 영적인 삶을 삼킨다는 의미로 해석하여 남은 생애를 온전히 명상적 수도생활에 헌신하기로 결단합니다. 1467년, 50세에 그는 아내의 동의 하에 가족을 떠나 란프트(Ranft)라는 골짜기에서 은둔수도자의 삶을 살기 시작하였습니다. 전설에 의하면 그는 19년간 성찬 이외에는 아무 것도 먹지 않고 생존하면서 주님과의 깊은 교제와 평화를

경험하였습니다. (www.bruderklaus.com)

그의 영적인 깊이가 더해 가고 지혜와 경건에 대한 명성이 알려지면서 유럽 여러 곳에서 많은 사람들이 그에게 조언을 받기 위해 찾아왔고 그 때부터 그는 '살아있는 성자'로 인정 받으며 '클라우스 형제'로 불리기 시작했습니다. 비록 교육을 받지 못해 글을 읽지도 못했고 세상 경험도 제한적이었지만 그는 지금도 개신교 및 가톨릭 모든 사람들에게 존경 받고 있으며 나아가 스위스의 국가 통합에도 공헌했습니다. 가령 1481년 스탠스 조약(Treaty of Stans)을 통해 스위스 연방이 평화를 이루는데 그의 역할은 결정적이었습니다. 정치 분야 뿐만 아니라 교회적인 논쟁에서도 그는 피스메이커로 섬겼습니다. 그가 1487년 3월 21일 세상을 떠나자 그를 기념한 교회 (www.pfarrei-sachseln.ch)가 세워져 그의 유해를 안치하였고 1947년에는 교황청에 의해 성인으로 추대되었으며 기념교회 옆에 그를 기념한 박물관도 건립되었습니다. (www.museumbruderklaus.ch)

그가 받은 영적인 비전과 통찰력 중 유명한 것은 아래 사진에서 보는 바와 같은 거룩하신 하나님의 얼굴인데 그 중심으로 모이는 세 개의 칼이 두 눈과 입에 닿아 있습니다. 반면에 다른 세 개는 반대 방향으로 퍼져 나가고 있어 솔로몬의 인장과 같은 6각형 구조로 되어 있습니다. (사진 2) 이와 연결된

사진 2

upload.wikimedia.org/wikiped
ia/commons/6/64/Fluevisi.gif

다른 이미지에서는 6가지 사진이 연결되어 있는데 이것은 그가 '나의 책'이라고 부를 정도로 항상 묵상하는 내용이었습니다. 밑에서부터 시계 방향으로 하나님의 사랑을 나타내는 것으로 수태고지, 예수님의 탄생, 천지창조, 수난, 십자가에 죽으심 그리고 성찬이며 네 구석에 있는 그림은 4복음서 기자들을 상징합니다. 이러한 그림은 당시 배우지 못한 농부들에게 개인적 경건을 훈련하는 좋은 교육적 효과가 있었습니다. (사진 3)

지난 2017년은 Reformation 500주년 기념으로 많은 행사가 있었고 지금도 계속되고 있지만 (www.refo500.com) 스위스에서는 이 분의 탄생 600주년을 기념한 특별한 행사가 열렸음을 인터넷을 통해 알 수 있습니다. (www.mehr-ranft. ch) 나아가 스위스 출신으로 세계적인 건축가인 피터 춤토어 (Peter Zumthor)가 설계한 기념 채플이 독일 메셰르니히(Mechernich)의 바헌도르프(Wachendorf)에 건

사진 3

upload.wikimedia.org/wikipedia/commons/1/1
4/Kirche_Sachseln_Betrachtungsbild.jpg

립되었습니다. (www.feldkapelle.de 사진 4)

끝으로 이 분의 기도문을 함께 나누고 싶습니다.

"Mein Herr und mein Gott, nimm alles von mir, was mich hindert zu dir.

나의 주 나의 하나님, 주님께 방해가 되는 나의 모든 것을 가져 가소서.

Mein Herr und mein Gott, gib alles mir, was mich führet zu dir.

나의 주 나의 하나님, 주님께 이끄는 모든 것을 저에게 주소서.

Mein Herr und mein Gott, nimm mich mir und gib mich ganz zu eigen dir.

나의 주 나의 하나님, 저를 취하셔서 온전히 주님의 것으로 삼으소서."

신대륙 최초의 신앙고백서:
과나바라 신앙고백
Guanabara confession of faith

지난 2017년 12월에 잠시 브라질을 방문하여 그곳의 교회들과 역사를 돌아보면서 새롭고 놀라운 사실 하나를 발견했습니다. 아메리카 대륙에 처음 정착한 개신교도들은 미국 청교도가 아니라 브라질에 온 프랑스 개신교도들인 위그노였다는 사실입니다. 이들은 청교도보다 약 백 년 전에 이미 이 신대륙에 정착하기 위해서 왔습니다.

16세기 프랑스에 교회개혁 운동이 일어나면서 위그노의 세력이 확산되자 로마가톨릭 국가였던 프랑스는 이들을 더 박해하기 시작했습니다. 그러자 위그노들은 고국을 떠나 새로운 땅에 그들만의 신앙공동체를 세워야겠다고 결심하게 됩니다. 마침내 1555년 7월 16일, 빌르가뇽(Nicolas Durand de

Villegagnon)의 인솔하에 600명이 두 배에 나눠 타고 라 로셸(La Rochelle)을 출발하여 4개월간 목숨을 건 항해 끝에 11월 10일 지금 브라질의 리우 데 자네이루가 있는 과나바라 만에 도착하였습니다. 그들은 대부분 라 로셸 및 제네바 출신의 위그노들이었으나 가톨릭 선원들도 일부 있었습니다. 그곳에 있는 세리기뻬(Serigipe)라는 작은 섬에 정착하였고 이 섬은 나중에 빌르가뇽 섬이라고 불리게 됩니다. 이 섬에서 그들은 위그노의 지도자요 후원자인 꼴리니(Gaspard de Coligny)의 이름을 따 그 지역에 '포트 꼴리니'(Fort Coligny)를 건설하게 됩니다. (사진 1) 지금이 섬에는 브라질 해군 학교가 있습니다. (사진 2)

빌르가뇽은 이곳을 거점으로 브라질을 식민지로 삼을 계획이었습니다. 따라서 그는 1556년 더 많은 사람들을 보내줄 것을 국왕 앙리 2세(Henry II)에게 요구하였고 제네바의 깔뱅에게 목회자 파송도 요구하게 되었는데 이 소식을 들은 앙리 2세는 세 척의 배와 함께 300명의 사람들을 추가로 보내주었고 깔뱅은 삐에르 리시에(Pierre Richier) 목사를 포함한 14명

사진 2 upload.wikimedia.org/wikipedia/commons/7/71/Escola_Naval.jpeg

의 선교단을 조직하여 필리뻬 드 꼬르귀어레이(Philippe de Corguilleray)의 지도하에 포트 꼴리니로 파송하게 됩니다. 이들은 6개월에 걸친 여행과 항해 끝에 마침내 1557년 3월 10일 과나바라 만에 도착하여 개신교 첫 예배를 드렸습니다. 하지만 빌르가뇽은 신앙적 입장이 애매한 사람이었습니다. 시간이 지나면서 가톨릭신자들 및 빌르가뇽과 깔뱅주의자들 사이에 신학적인 갈등(특히 성만찬교리에 대해)이 일어나자 깔뱅주의자들 중 4명이 잡혀 신앙고백서를 쓰도록 강요당했 습니다. 그 결과 바로 "과나바라 신앙고백서"라는 귀한 고백 서가 태어나게 됩니다.

이 신앙고백서는 1558년 신대륙에서 최초로 작성된 신앙 고백서로 위그노 평신도들이었던 쟝 뒤 부르들(Jean du

사진 3
upload.wikimedia.org/wikipedia/
commons/c/c7/Brasilia2.jpg

Bourdel), 마띠외 베르뇌이여 (Matthieu Verneuil), 삐에르 부르동(Pierre Bourdon) 그리고 앙드레 라 폰(André la Fon) 네 명에 의해 12시간이라는 매우 짧은 시간에 완성되었습니다. 이 신앙고백서는 17개조항으로 나눠지며 라틴어로 기록되어 지금까지 전해지고 있는데 나중에 나온 신앙고백서만큼 논리정연하고 나아가 신학적인 용어 사용뿐만 아니라 중간에 초대교부들까지 인용하는 것을 보면 이 평신도들의 신학적인 수준이 얼마나 대단했는지 알 수 있습니다. 하지만 이 신앙고백서를 작성한 네 명의 위그노들은 빌르가뇽에 의해 체포되었고 순교당했습니다.

그 후 리시에 목사를 비롯한 제네바 선교단은 7개월 정도 머물다가 10월 말에 추방당하고 맙니다. 결국 포트 꼴리니는 나중에 포르투갈에 의해 점령되었습니다. 포트 꼴리니를 향한 항해 여정과 그곳에서 일어난 사건들에 대해서는 당시 선교단의 일원이었던 평신도 구두 수선공 장 드 레리(Jean de Léry)가 "아메리카라고도 불린 브라질 땅에서의 여행 역사

((*l'Histoire d'un voyage faict en la terre du Brésil, autrement dite Amérique*)"라는 기념비적인 책을 쓰게 되어(1578년) 당시 상황을 우리에게 전해주고 있습니다. (사진 3) 그에 의하면 당시 브라질이 아메리카로도 불렸음을 알 수 있습니다. 그곳에서 돌아온 리시에는 라 로셸에 개혁교회 목회자가 되었고 라 로셸은 한동안 프랑스 개신교의 중심지가 되었습니다. 그리고 2001년에 이 역사는 프랑스의 역사소설가인 쟝 크리스토프 루펭(Jean-Christophe Rufin)에 의해 "붉은 브라질(Rouge Brésil)"이라는 제목으로 소설화되었으며 그 후 영화로도 나왔습니다. 우리는 이 네 명의 평신도들이 남긴 귀한 신앙고백을 더욱 귀하게 여기며 그들의 순교적 신앙을 본받아야 하겠습니다. (히 13:7)

Reformation의 두 조력자: 카타리나와 이델레뜨

Katharina and Idelette

Reformation이 일어날 때 앞서 지도력을 발휘했던 루터와 깔뱅 뒤에는 조용히 내조한 두 조력자가 있었습니다. 그들은 바로 루터의 부인이었던 카타리나(Katharina von Bora: 1499-1552 사진1)와 이델레뜨(Idelette Storder de Bure Calvin: ?-1549 사진2)였습니다.

얼마 전 독일의 한 방송(Das Erste)에서는 Reformation 500주년을 기념하여 카타리나 루터에 대한 영화를 새로 제작, 방영한 것을 보았습니다. 1504년, 다섯 살의 어린 나이에 아버지에 의해 브렌나(Brehna)에 있는 베네딕트 수녀원에 보내진 카타리나는 아홉 살에 마리엔트론(Marienthron) 수녀원으로 옮겨지게 됩니다. 거기서 개혁 운동에 관심을 가지면서

사진 1
upload.wikimedia.org/wikipedia/com
mons/1/14/Stamp_Germany_1999_Mi
Nr2029_Katharina_von_Bora.jpg

사진 2
theonefoundalion.files.word
press.com/2007/06/calvins
wife.jpg

수녀원 생활에 회의를 느끼다가 마침내 다른 수녀들과 함께
탈출하기 위해 루터에게 도움을 요청합니다. 1523년 4월 4일
부활절 전날 루터는 그 수도원에 청어를 공급하던 레오나르
드 쾌페(Leonhard Köppe)를 보내 성공적으로 수녀들을 탈
출시킵니다. 마침내 그들은 루터가 있던 비텐베르크
(Wittenberg)로 와서 그의 사역을 돕다가 마침내 1525년 6월
13일 그의 아내가 됩니다. 당시 루터는 41세, 카타리나는 26
세였습니다. 루터도 처음에는 개혁 운동으로 매우 분주하여
결혼에 대해 반신반의했으나 마침내 결혼하기로 결정한 후
카타리나의 도움으로 가정을 이루고 안정을 찾으면서 더욱
개혁 운동을 힘차게 전개해 나갔던 것입니다. 성직자와 수녀

들에게 결혼이 금지되었던 천주교의 교리가 잘못되었음을 지적하고 아름다운 가정을 이룸으로써 루터와 카타리나는 6명의 자녀들을 두었고 네 명의 고아도 함께 키우면서 개신교도의 가정 생활, 특히 성직자들의 결혼 생활에 대해 모범을 보여줌으로 이 분야에 대해 새로운 패러다임을 제시하였다고 말할 수 있습니다.

카타리나는 수도원의 모든 행정을 관장하고 가축들을 돌보며 가족들과 학생들 및 루터를 찾아오는 손님들에게 식사를 제공하였습니다. 전염병이 돌 때 그녀는 병원을 운영하면서 환자들을 돌보기도 하였습니다. 루터는 그녀를 "Zulsdorf(출스도르프: 그들이 소유했던 농장)의 보스" 또는 새벽 4시에 일어나 일과를 시작했던 그녀를 칭찬하면서 "비텐베르크의 새벽 별"이라고 불렀습니다.(en.wikipedia.org/wiki/Katharina_von_Bora)

이델레뜨는 원래 네덜란드 출신으로 벨기에 리에쥬에서 온 남편이 있었으나 일찍 사별한 후 스트라스부르에서 아이들과 함께 살고 있었는데 거기서 마틴 부쩌의 소개로 깔뱅을 만나 1540년 8월 재혼하게 됩니다. 깔뱅은 그녀의 경건함과 정숙함을 인정하면서 함께 제네바에서 9년간 행복한 결혼 생활을 누렸습니다. 비록 그들이 낳은 자녀들이 일찍 세상을 떠났지만 깔뱅은 그녀의 내조로 제네바에서 개혁 운동을 지속적으로 추진할 수 있었던 것입니다. 가톨릭의 반대자들은 그들의 자녀들이 일찍 세상을 떠난 것에 대해 하나님의 심판이라고 비판하자 깔뱅은 하나님께서 그 대신 수많은 영적인 자녀들을 주셔서 감사하다고 대답했다고 합니다. 그녀는 1549년 질병으로 세상을 먼저 떠나면서도 이렇게 기도했다고 합니다. "오 아브라함과 모든 신앙의 선조들의 하나님, 지난 수많은 시간 동안 당신을 신실하게 신뢰했으며 그것은 헛되지 않았습니다. 저도 그렇게 소망합니다." 깔뱅은 한 친구에게 쓴 편지에서 그녀의 죽음에 대해 이렇게 고백하고 있습니다. "나는 내 생애에서 가장 귀한 동반자를 잃었다. 그녀는 나와 모든 것을 함께 했으며 나의 모든 사역에 신실한 조력자였다." (en.wikipedia.org/wiki/Idelette_Calvin)

카타리나와 이델레뜨, 이 두 여성은 진주보다 더 귀한 현숙한 여성(잠 31:10)으로 루터와 깔뱅과 함께 반드시 기억해야 할 귀한 주님의 일꾼이었습니다.

제네바: 총체적 개혁의 대표적 모델
Geneva: the model of holistic reformation

2017년은 종교개혁 500주년입니다. 하지만 저는 Reformation을 '종교개혁'으로 번역하는 것은 옳지 않다고 생각합니다. 왜냐하면 Reformation은 단지 종교개혁만이 아니라 사회 문화 전체를 아우르는 '총체적 개혁'이었기 때문입니다. 그 대표적인 예가 스위스의 제네바(Geneva, 사진 1)라고 할 수 있을 것입니다.

프랑스의 개혁가 쟝 깔뱅(Jean Calvin: 1509-1564)이 개신교도들인 위그노(Huguenot)들과 함께 제네바에 오기 전까지 스위스는 사실 매우 가난한 나라였습니다. 하지만 이 위그노들의 탈출은 프랑스 편에서 볼 때 두뇌들이 집단으로 빠져 나온(brain drain) 것입니다. 이들은 매우 높은 수준의 기술을 가진 정밀 시계 가공업자들과 기업가들, 은행가들이었으며 당시 인구 만 명이었던 제네바 시가 이들을 받아들이면서 인구는 급증했고 깔뱅의 직업 소명론 및 개신교 노동 윤리 그리고 성경적 세계관은 제네바를 놀랍게 발전시켜 지금은 세계적인 도시로 변혁(transformation)시킨 것입니다.

현재 제네바의 인구는 20만 정도이지만 국제 기구들이 200여개나 있는 가장 글로벌한 도시가 되었으며 유엔이 있기 전 미국의 우드로우 윌슨 (Thomas Woodrow Wilson) 대통령에 의해 국제 연맹(League of Nations)의 본부가 있었고 이 건물이 지금은 유엔의 유럽 본부가 되었습니다. 윌슨 대통령은 프린스턴 대학교의 총장을 역임하면서 이 깔뱅의 사상을 깊이 이해하였기에 이 기구를 제네바에 두자고 제안한 것입니다. 기타 제네바에 본부를 둔 대표적인 국제기구들을 살펴보면 United Nations High Commissioner for Refugees (UNHCR), UN Office of the High Commissioner for Human Rights (OHCHR), World Health Organization (WHO), International Labor Organization (ILO), International Telecommunication Union (ITU), International Baccalaureate Organization (IBO) 그리고 World Intellectual Property Organization (WIPO) 등이 있습니다. (보다 자세한 내용은 https://en.wikipedia.org/wiki/List_of_international_organizations_based_in_Geneva 참고)

나아가 정부간 조직들(inter-governmental organizations)이

사진 1 www.genevasummerschools.ch/images/jet.jpg

있는데 가령 World Trade Organization (WTO), World Meteorological Organization (WMO), World Economic Forum (WEF), International Organization for Migration (IOM), International Federation of Red Cross and Red Crescent Societies (IFRC) and the International Committee of the Red Cross (ICRC) 등이 있습니다. 나아가 International Centre for Humanitarian Demining (GICHD), Centre for the Democratic Control of Armed Forces (DCAF), Centre for Security Policy (GCSP), European Broadcasting Union (EBU) 및 세계 최고의 입자 물리학 실험실인 CERN (European Organization for Nuclear Research)도 여기에 있습니다.

기타 Geneva Environment Network (GEN)과 같은 환경단체 및 여러 NGO들이 이곳에 본부를 두고 있으며 Baume et Mercier, Charriol, Chopard, Franck Muller,

Patek Philippe, Gallet, Jaeger-LeCoultre, Rolex, Universal Genève, Raymond Weil, Omega, Vacheron Constantin, Frédérique Constant 등과 같은 대표적인 정밀 시계 가공업체들도 있습니다. 동시에 제네바는 세계 9위의 재정 중심 도시이며 삶의 질은 세계 3위입니다.

깔뱅은 1541년부터 1564년까지 제네바에서 개혁 운동을 하면서 종교개혁뿐만 아니라 다른 모든 면에서도 개혁운동을 시도했습니다. 시의회에서 각종 개혁 정책을 진행하였으며 1559년 제네바 아카데미를 창설하여 교육에 대한 개혁을 시도하였으며 이 기관이 현재 제네바 대학으로 발전하였습니다.

그 후에도 제네바는 개신교의 로마 또는 성시화의 모델로 인정받고 있으며 가장 모범적이고 지속 가능한 도시로 인정받게 된 것은 결코 깔뱅주의와 무관하다고 말할 수 없을 것입니다. 나아가 다보스 포럼으로 유명한 WEF(World Economic Forum)도 제네바에 본부를 두고 있습니다.

따라서 한국 교회가 종교개혁을 단지 500주년으로 기념만 할 것이 아니라 이러한 점들을 보다 깊이 연구하고 벤치 마킹하여 한국 사회에 전체적으로 새로운 변혁의 패러다임을 제시하도록 노력해야 할 것입니다.[1]

---

1) 보다 자세한 내용은 최용준 (2018), "칼빈주의가 제네바의 변혁에 미친 영향에 관한 고찰" 신앙과 학문제 23권 3호 (통권 76호) 323-351참고.

프랑스 개신교도들이 받은 박해

The Suffering of French Protestants

　얼마 전 저는 프랑스 남쪽 세벤느(Cévennes) 지역에 있는 광야 박물관(Le Musée du Désert: www.museedudesert. com)을 방문하였습니다. 이곳은 종교개혁 당시 프랑스의 개신교도들이 가톨릭의 박해를 피해 숨어 신앙 생활하던 곳으로 매우 험준한 산악 지역입니다. (사진 1) 이 박물관은 당시 개신교도들이 수많은 고난을 당하면서도 신앙을 굽히지 않았음을 자세히 보여줍니다.

　종교개혁이 루터에 의해 본격적으로 일어나자 가톨릭교회는 개신교도들을 박해하기 시작했습니다. 먼저 요하네스 판 덴 에셴(Johannes van den Esschen) 및 하인리히 포스(Heinrich Vos)가 1523년 7월 1일 브뤼셀에서 화형을 당했습니다. (사진 2) 루터는 이들을 기억하면서 1523년에 특별한

사진 1 media-cdn.tripadvisor.com/media/photo-s/0c/a3/0a/de/entree-du-musee.jpg

사진 2 (필자 촬영)

찬송(Ein neues Lied wir heben an)을 작사하기도 하였습니다. 이 찬송에서 루터는 이 순교자들이 새로운 시대를 여는 사인이라고 고백합니다. 두 순교자들은 어거스틴 수도회에 속한 수도사들로 "오직 성경으로(Sola Scriptura)"를 외치면서 교황이나 교부들의 권위보다 성경의 권위를 더 높이자 종교재판을 받아 화형에 처해진 것입니다. 아마도 이들은 당시 비텐베르그에 머물며 루터에게 배웠던 하인리히 폰 쥐트펜(Heinrich von Zütphen)이 안트베르펜에 머물 때 이 두 사람들에게 영향을 주었을 것으로 봅니다. 5년 후에는 동료 람베르트 토른(Lambert Thorn)도 옥중에서 순교합니다.

하지만 개신교 평신도들이 박해를 받은 것은 아마도 프랑스가 가장 심하지 않을까 생각합니다. 특별히 세벤느 지역에 살면서 저항운동을 하던 위그노들을 까미사르(Camisards)라

고 부르는데 이 말의 기원은 그들이 입던 옷 또는 그들이 밤에 기습공격을 하는 전략에서 나왔다고도 합니다. 이 박물관은 당시 이 군인들을 지휘하던 롤란드(Roland)라는 장교의 집을 개조한 것입니다.

개신교도들에게 신앙의 자유를 허락했던 '낭뜨 칙령(dit de Nantes, 1598)'이 1685년에 루이 14세에 의해 철회된 후 프랑스 혁명이 일어나 신앙과 양심의 자유를 보장받을 때(1789)까지 약 백 년간 이들은 광야에서 숨어 신앙 생활을 하게 됩니다. 그러면서 까미사르들은 전쟁도 불사하여 1702년부터 1715년까지 많은 전투를 치렀으며 마침내 1787년 11월 7일에 관용의 칙령(Édit de tolérance)라고 불리는 베르사이유 칙령(Édit de Versailles)이 발효될 때까지 수많은 성도들은 박해를 받으면서도 끝까지 신앙을 포기하지 않은 것을 볼 수 있습니다.

당시 성도들은 저녁에 가정마다 성경을 읽었는데 식구들 중 한 두 명은 멀리 감시하면서 누가 오지 않는지 늘 보초를 선 것을 재현해 놓았습니다. (사진 3) 그들이 숨어 지내던 골

사진 4

www.museeprotestant.org/wp-content/uploads/2013/12/0000001868L.jpg

짜기에서 함께 모여 '광야 교회'로 예배 드리던 모습을 그림으로 표현해 놓았는데 매우 감동적입니다. (사진 4) 설교단은 이동이 용이하도록 모두 조립식이었으며 심지어 성찬 기구들도 분리가 가능하도록 고안되었습니다. 이를 기념하여 프랑스 개신교회 성도들은 일 년에 한번씩 이곳에서 야외 연합예배를 드리며 과거 믿음의 선조들이 당했던 고난을 기념하고 있습니다.

　가톨릭 군인에게 잡힌 개신교도들 중 5천명의 남자들은 대부분 갈리선이라고 하는 노예선에서 평생 노를 저어야만 했습니다. 놀라운 것은 이 박물관에 이렇게 노예로 잡혀가신 분들의

사진 5
2.bp.blogspot.com/-0zhNjG1zwTc/VXsyXjlY
07I/AAAAAAAAVZU/IuJfslaQxxY/s1600/Muse
e%2Bdu%2Bdesert2.JPG

이름을 잊지 않고 한 벽면에 빼곡히 적어놓았습니다. (사진 5) 프랑스의 가장 남쪽 지역인 랑에독(Languedoc)의 에귀-모르(Aigues-Mortes) 지역에 있는 꽁스땅스 탑(la Tour de Constance)이 감옥으로 쓰이면서 수많은 개신교 여성들이 갇혀 있었는데 그 중 마리 뒤랑(Marie Durand)이라고 하는 자매는 19세에 갇혀 38년 간 이곳에서 신앙을 지킨 것으로 유명합니다.

우리는 지금 누리는 우리의 개혁 신앙이 결코 그저 얻어진 것이 아님을 기억하면서 앞서간 선배들이 광야와 산과 동굴과 토굴에 유리하면서도 믿음을 지킨 '세상이 감당하지 못하는 사람들'(히 13:38)이었음을 가슴에 새기며 그들의 개혁 정신을 새롭게 계승해야 할 것입니다.

Reformation 500주년 기념 예배

The 500th Anniversary Service of Reformation

지난 2017년 10월 31일(화) 마틴 루터(Martin Luther)가 묻혀 있는 독일 비텐베르크(Wittenberg)의 성교회 (Schlosskirche)에서는 Reformation 500주년을 기념하는 예배가 드려졌습니다. 프랑크-발터 슈타인마이어(Frank-Walter Steinmeier) 독일 대통령 내외분과 앙겔라 메르켈(Angela Merkel) 수상 등 정부 요인들과 정교회(Orthodox Church) 대표 및 가톨릭 교회를 대표하여 주교회 의장인 라인하르드 막스(Reinhard Marx) 추기경 등 많은 귀빈들이 참석한 가운데 드려진 역사적인 예배였습니다. (www.mdr.de/sachsen-anhalt/dessau/video-149882_zc-444e9731_zs-c83226b9.html) (사진 1)

메르켈 수상은 예배 이전에 이미 성명을 통해 Reformation

사진 1

의 유산을 계속해서 일깨우고 보존(Das Erbe der Reform ation wachhalten)하되 책임의식을 고양하여 세상을 더 좋은 방향으로 바꾸어야 한다고 말했습니다. 개혁자들은 근대적 인간관을 발전시켜 자유와 성숙한 책임의식을 가진 존재로 보았음을 지적하면서 Reformation과 민주주의 및 법치국가 를 바로 연결할 수는 없지만 개혁운동은 분명히 사회정치적 갱신을 주도하는 힘이었음을 강조하였습니다. 나아가 500주 년을 기념하는 행사들이 많이 개최됨에 대해 매우 인상 깊게 보면서 특히 지난 2017년 3월 힐데스하임(Hildesheim)의 성 미카엘 교회(St. Michaeliskirche)에서 가톨릭과 개신교가 화

사진 2

www.mdr.de/sachsen-anhalt/dessau/bild-140536-resimage_v-
variantBig1xN_w-1280.jpg?version=1328

해하는 예배를 드린 것을 지목했습니다. (Versöhnungsgott
esdienst von Katholiken und Protestanten im März in
Hildesheim) 메르켈 수상은 특히 관용이 현재 유럽의 영혼
(Toleranz ist die Seele Europas)이라고 말하면서 각 사람은
자신의 신앙적 확신을 가지고 살되 다른 사람을 차별해서는
안 된다고 강조합니다. 이러한 관용이 없다면 인간의 존엄성
이 무시되므로 종교의 자유는 보장되어야 한다고 말했습니
다. (www.idea.de/frei-kirchen/detail/bundeskanzlerin-
merkel-das-erbe-der-reformation-wachhalten-103016.html)

예배 중간에는 루터 역을 맡은 한 배우가 등장해 예배당 이

곳 저곳을 이동하면서 그의 메시지를 여러 군데 인용하여 읽으며 마치 그가 이곳에 다시 살아나 있는 것 같은 감동을 주었습니다. 찬양은 라이프치히(Leipzig)에서 온 토마스(Thomas) 합창단이 섬겼으며 독일 개신교회 총회장(Ratsvorsitzender der Evangelischen Kirche in Deutschland)인 하인리히 베드포르드-스트롬(Heinrich Bedford-Strohm) 목사는 로마서(Rom.) 3:21-28을 본문으로 한 설교에서 Reformation은 교회를 위한 해방의 행동(ein Akt der Befreiung für die Kirche)인 동시에 가톨릭 교회의 갱신을 일깨운 운동(ein Weckruf an die katholische Kirche zur religiösen Erneuerung)이었다고 말하면서 루터는 전혀 새로운 교회를 시작하기를 원치 않았으며 오히려 교회가 그 주인이신 예수 그리스도에게 돌아가기를 원했다고 말했습니다. 루터는 하나님에 대한 공포에서 우리를 해방시켰으며 구원을 위해 면죄부를 사야만 한다는 압박으로부터 자유케 했음을 강조했습니다. 나아가 독일은 지금도 은혜로 말미암는 칭의의 메시지(die Botschaft von der Rechtfertigung aus Gnade)가 매우 절박하게 필요하며 사랑으로 두려움을 이겨나가야 하고 각 사람은 하나님의 형상으로 지음 받았기에 무한한 가치가 있으며 누구도 이러한 존엄성을 훼손할 수 없음을 분명히 했습니다. 나아가 그는 루터의 95개조 논제 1조를 인용하여 회개의 필요성을 강조하면서 독일이 이렇게 번영을 누리는 것은 가난한 다른 나라 사람들의 희생이 있었기 때문이 아닌가라고 반문합니다.

교회의 미래에 관해 그는 비텐베르크에서 시작된 운동이 전 세계적인 영적 갱신(eine weltweite spirituelle Erneuerung)으로 나아가야 함을 강조하면서 서로 사랑함으로 과거의 모든 갈등, 전쟁 등을 종식하고 화해와 이해 그리고 우정으로 나아가야 함을 역설했습니다. 그러면서 프란체스코 교황을 비텐베르크로 초청한다고 말하면서 그리스도인들이 함께 세상에 복음의 증인이 되어야 함을 강조했습니다. 동시에 그는 막스 추기경과 함께 십자가를 슈타인마이어 대통령에게 선물로 증정하기도 했습니다. (사진 2) 막스 추기경도 평화, 화해 및 정의가 회복되기를 원하며 함께 소망의 증인이 되기를 원한다고 화답했습니다. (www.idea.de/frei-kirchen/detail/bedford-strohm-die-reformation-war-ein-akt-der-befreiung-fuer-die-kirche-103015.html)

설교 후에는 Reformation 500주년을 기념하여 발간한 루터 성경을 다음 세대를 대표한 한 여학생에게 선물로 주는 동시에 95개조 논제를 WCC(World Council of Churches) 대표인 올라브 트베이트(Olav Fykse Tveit) 목사에게 증정하는 순서도 가졌습니다. 또한 바티칸 교황청 및 세계 루터란 연맹

(Lutheran World Federation)도 Reformation 500주년 공동 성명을 내어 "그리스도인들이 주님의 몸에 상처를 주고 지난 500년간 서로 공격한 잘못에 대해 용서를 구하며 과거를 바꿀 수는 없지만 오늘날 그 영향이 새로운 교제를 통해 분열을 극복하여 세상을 향한 소망의 사인이 되길 바란다"고 했습니다. (w2.vatican.va/content/francesco/de/speeches/2013/october/documents/papa-francesco_20131021_delegazione-luterana.html) 이러한 협력의 구체적인 증거로 지난 1999년에 두 단체는 이신칭의 교리(Doctrine of Justification)에 동의하는 공동선언문을 발표하였고 2016년 1월에는 Reformation 500주년을 준비하는 공동 기도문도 함께 출판하였습니다. (www.lutheranworld.org/news/press-release-joint-catholic-lutheran-common-prayer-500-years-reformation) 이 예배를 통해 우리는 성령의 인도하심을 따라 말씀에 근거하여 주님의 뜻을 올바르게 적용해 나가야 할 것입니다.

PART 02

변혁의 통찰력

Insight for Transformation

교회의 회개

Repentance of the Church

한국교회가 일제 시대에 일부 성도들을 제외하고 총회적으로 신사참배를 가결한 것처럼 2차 세계대전 기간 중 독일 교회는 히틀러를 지지하면서 스스로를 '독일 그리스도인들 (Deutsche Christen)' 이라고 부르며 십자가 안에 나치의 문양을 넣은 깃발을 내걸었습니다. (사진 1) 물론 소수의 고백교회들이 바르멘 선언(Barmer Theologische Erklärung)을 발표하면서 저항했으나 대다수 교회들은 나치에 복종했습니다.

하지만 전쟁이 끝난 후 독일 교회는 진심으로 그리고 공적으로 이를 회개하였습니다. 슈투트가르트에 있는 마르쿠스교회(Markuskirche, 사진 2)에서 이 모임이 열렸기 때문에 그것을 슈투트가르트 고백(Stuttgarter Schuldbekenntnis 또는

Schulderklärung der evangelischen Christenheit
Deutschlands)이라고 부릅니다. 이것은 1945년 10월 19일
독일개신교회(Evangelischen Kirche in Deutschland, EKD)
가 공식적으로 발표한 것입니다. 이 선언문은 비록 짧지만 그
것은 전범국의 교회로서 그리고 나치에 동조한 교회로서 말
로 다할 수 없는 아픔을 담고 있으며, 말보다는 실천으로 참
회하는 역사를 동반한 고백이라고 할 수 있습니다.

　이 선언문은 다음과 같이 고백합니다: "... 우리를 통해 무
한히 잘못된 것이 수많은 사람들과 국가들에게 자행되었습니
다… 우리는 이제 전체 교회의 이름으로 고백합니다: 우리는
우리의 믿음에 좀더 용기 있게 서지 못했고 좀더 신실하게 기
도하지 못했으며.. 좀더 뜨겁게 사랑하지 못했습니다..."
(de.wikipedia.org/wiki/Stuttgarter_Schuldbekenntnis)

　이 고백문을 작성한 분 중에는 고백교회의 지도자였던 마
틴 니묄러(Martin Niemöller) 목사가 있습니다. 이 선언문

사진 2

www.elk-wue.de/fileadmin/Schmuckbilder/Gebaeude/markus_stgt_martin_roland.jpg

은 당시 네덜란드, 스위스, 프랑스, 영국 및 미국 교회에서 독
일교회와의 관계를 회복하기 위해 슈투트가르트로 온 교회
대표자들을 향한 답변으로 작성되었습니다. 이 대표자들은
1945년 독일을 향한 자기 나라들이 느끼는 혐오감으로 인해
독일 교회가 어떤 형태로든 공식 입장을 밝히지 않으면 관계
가 회복될 수 없다고 보았기 때문입니다

　　그럼에도 불구하고 이 고백문은 단지 양심적인 행동만은
아니었습니다. 나치즘에 대해 올바른 태도를 보이지 못한 것
에 대한 인정이 담겨 있습니다. 물론 이에 대해 반대하던 독일
인들도 없지 않았습니다. 하지만 니묄러 목사는 다음과 같이
말했습니다. "앞으로 2년간 저는 이 고백문 만을 설교할 것입
니다." (en.wikipedia.org/wiki/Stuttgart_Declaration_of

_Guilt)

또한 일본에서도 정부적으로 과거사에 대해 진정한 사죄를 하지는 않았지만 교회적으로는 1967년 3월 26일자로 일본기독교단 초대회장 스스기 마사히로(鈴木正久)의 이름으로 죄책 고백문을 내놓았으며 그 후 일본기독개혁파가 1976년 4월 28일자로 "교회와 국가에 관한 신앙의 선언"이란 긴 선언문을 발표하였고, 1990년에는 대한예수교장로회(고신)에 "선교 협력에 즈음한 죄 고백과 사죄"의 선언문을 보내 왔습니다. 같은 해에 일본 기독교회가 "한국·조선의 기독교회에 행한 신사참배 강요에 대한 죄의 고백과 사죄"라는 글을 내놓은 데 이어서 일본의 여러 교파 교회들이 고백문을 내어 놓았다고 합니다. (www.gisang.net/bbs/board.php?bo_table=gisang_theologry&wr_id=332&main_visual_page=gisang)

특별히 독일에서는 '독일 그리스도인들'로 활동한 이들이 고백교회가 은밀히 추진한 저항운동이 독일에 있는 그리스도의 교회의 정체성을 지킨 것을 시인하여 그들에게 교회의 잠정적인 지도부를 맡길 뿐 아니라 1년간 직무를 떠나 근신함으로써 자신들의 죄책을 실천적인 행동으로 시인하고 참회하였다고 합니다. 그런가 하면 고백교회에 속한 이들도 자기들이 충분히 소임을 다하지 못한 것을 뉘우치며 "우리가 다 함께 범죄하였습니다."고 참회함으로써 민족사회주의와 '독일 그리스도인들'의 죄책을 다 자신들의 것으로 고백하였고 독일 그리스도인들을 용서하고 그들과 하나가 되어 독일교회의 재건에 임하였습니다. (www.gisang.net/bbs/board.php?bo_table=gisang_theologry&wr_id=332&main_visual page=gisang)

이 지상에 있는 교회는 어느 교회도 완전하지 않으며 잘못할 수 있습니다. 중요한 것은 그 잘못한 것이 있을 경우 이를 정직하게 인정하고 올바르게 돌이키는 것입니다. 한국교회도 마찬가지입니다. 그리할 때 주님께서는 회복과 새로운 축복의 은총을 베푸실 것입니다. (단 9:4-19)

독일의 난민 정책과 메르켈 총리

German Refugee Policy and Merkel

최근 몇 년간 독일은 유럽 국가들 중 가장 많은 110만명의 난민을 받아들였습니다. 심지어 어떤 도시에는 난민들이 역에 도착할 때 독일 시민들이 환영하면서 영접하는 동영상도 보았습니다. 하지만 너무 많은 난민들이 한꺼번에 들어오면서 적지 않은 부작용도 있음을 부인할 수 없습니다. 뮌헨 및 베를린에서의 테러 사건 그리고 몇 년 전 쾰른 역에서 일어났던 사건은 독일 시민들로 하여금 점점 더 메르켈 총리의 난민 정책에 대해 비판적이 되게 하였고 실제로 일부 지방 선거에서는 극우 정당이 승리하기도 했습니다. 하지만 메르켈 총리는 일관성 있게 난민 정책을 추진하면서도 보완책을 모색하고 있습니다.

지난 2016년 11월 25일 메르켈 총리가 하이델베르크

(Heidelberg)에서 개최된 기독교민주당(CDU) 지역 대회에 참석했을 때 한 나이 많으신 독일 할아버지께서 메르켈 총리를 비난하시면서 이제 그만 내려오라고 촉구하는 공개발언을 하자 장내는 숙연해졌습니다. 하지만 감동적인 사건은 그 다음에 일어났습니다. 다른 한 아버지가 마이크 앞에 섰는데 그분은 자신이 아프칸에서 온 난민이라고 소개하였고 자신을 받아준 독일과 메르켈 총리에 대해 진심으로 감사한다고 고백했습니다. 그러면서 자기가 데려온 아들이 하고 싶은 말이 있는데 해도 되느냐고 묻자 메르켈 총리는 하라고 허락했습니다. 이 소년은 분명한 독일어로 자기가 아프칸에서 독일에 올 수 있도록 영접해 준 메르켈 총리에게 너무 감사하고 기쁘다고 말하면서 당신의 손을 한번 잡고 싶다고 소원을 말했습니다. 그러자 메르켈 총리는 앞으로 그 아이를 초대했고 언제 독일에 왔는지 물으면서 독일어를 잘한다고 칭찬하며 그 아이의 손을 잡아 주고 안아 주면서 사랑으로 격려하자 온 대회장은 박수로 가득 찼던 모습을 저는 SNS 동영상을 통해 직접 보며 깊은 감동을 느꼈습니다. (http://www.stern.de/politik/deutschland/afghanischer-fluechtlingsjunge-dankt-angela-merkel-bei-cdu-konferenz-in-heidelberg-7215824.html 사진)

저의 부모님께서도 북한에서 피난민으로 내려오셔서 많은

고생을 하시면서도 믿음으로 저희 자녀들을 키워 주셨습니다. 저 또한 1999년부터 2006년까지 독일 쾰른 지역에서 사역하면서 코소보 등지에서 온 난민들에게 복음을 전하며 세례를 준 경험이 있는데 독일이 이렇게 많은 난민들을 섬기는 것은 분명 '축복의 통로'가 되는 길이 아닐 수 없다고 생각합니다. 비록 형식적인 교인 수는 줄어들고 있지만 실제적으로 이 분들의 행하는 믿음을 보면서 우리는 더 많이 배워야 한다고 봅니다.

110만명의 난민을 수용하는 일은 결코 쉬운 일이 아닙니다. 그럼에도 불구하고 독일 정부는 각 주 별로 인원을 할당하고 예산을 집행하여 이들에게 의식주 기본 생활을 보장하고 자녀들에게 평등한 교육의 기회를 제공하는 것은 성숙한 시민의식이 없이는 불가능할 것입니다. 메르켈 총리가 4선에 도전할 수 있는 것은 바로 그녀의 '엄마(Mutti) 리더십'이었고 이 말이 그녀의 별명이 되었습니다.

나아가 베를린에 있는 한 독일 개신교회는 이 난민들을 섬기며 전도하여 독일 성도들보다 훨씬 더 많은 난민들이 그 교회 교인들이 되었는데 이들 대다수가 모슬렘에서 개종했다고 합니다. 새로운 선교의 패러다임을 볼 수 있는 귀한 사례라고 생각합니다.

한국에도 2016년에 약 만 여명의 난민들이 망명을 신청했

사진 1
img.gulf-times.com/Content/Upload/Slider/11201629233412705635083.jpg

지만 결국 난민 자격을 받은 분들은 백 여명에 불과하다는 통계를 보면서 우리는 독일에 비해 아직 멀었다는 생각을 하게 됩니다. 물론 탈북자들은 최선을 다해 섬겨야 하지만 동시에 경제 규모에 걸 맞는 난민 수용이 이루어져야 하며 특히 이 일에 교회가 앞장서야 할 것입니다.

아기 예수님 가족도 이집트에서 난민 생활을 하셨습니다. 하나님께서 인간으로 오신 것도 기적이지만 인간의 몸을 입으신 주님께서 방이 없어 마구간에서 태어나셨고 얼마 지나지 않아 난민으로 삶을 시작하셨다는 것은 우리에게 많은 시사점을 준다고 할 수 있습니다.

"그 때에 임금은 자기 오른쪽에 있는 사람들에게 말하기를 '내 아버지께 복을 받은 사람들아, 와서, 창세 때로부터 너희를 위하여 준비한 이 나라를 차지하여라. 너희는, 내가 주릴 때에 내게 먹을 것을 주었고, 목마를 때에 마실 것을 주었으며, 나그네로 있을 때에 영접하였고, 헐벗을 때에 입을 것을 주었고, 병들어 있을 때에 돌보아 주었고, 감옥에 갇혀 있을 때에 찾아 주었다' 할 것이다. 그 때에 의인들은 그에게 대답하기를 '주님, 우리가 언제, 주님께서 주리신 것을 보고 잡수실 것을 드리고, 목마르신 것을 보고 마실 것을 드리고, 나그네 되신 것을 보고 영접하고, 헐벗으신 것을 보고 입을 것을 드리고, 언제 병드시거나 감옥에 갇히신 것을 보고 찾아갔습니까?' 하고 말할 것이다. 임금이 그들에게 말하기를 '내가 진정으로 너희에게 말한다. 너희가 여기 내 형제자매 가운데, 지극히 보잘것없는 사람 하나에게 한 것이 곧 내게 한 것이다' 할 것이다. " (마 25: 34-40)

홍콩과 싱가포르
Hong Kong and Singapore

2018년 1월에 홍콩과 싱가포르를 잠시 방문했습니다. 두 곳 모두 대만 및 한국과 더불어 아시아의 발전하는 네 호랑이에 포함되어 있습니다. 하지만 두 곳은 매우 유사하면서도 다른 점이 있음을 보게 됩니다. 유사한 점은 두 곳 모두 작은 도시이면서도 1970년대 이래 눈부신 고도성장을 이룩하며 항구도시로서 아시아의 무역 관문을 자처하고 있고 영어가 잘 통하며 개방적 제도를 채택하여 아시아의 금융허브로 서로 경쟁하고 있다는 점입니다. 동시에 두 곳 모두 영국의 영향을 많이 받았으며 따라서 기독교 또한 각 사회에 적지 않은 영향력을 행사해 왔다고 볼 수 있습니다.

하지만 국토 면적만 보면 홍콩이 2,755 평방 킬로미터로 싱가포르(719.9 평방 킬로미터)보다 훨씬 더 큽니다. 인구도

2017년 기준으로 홍콩이 약 7,389,500명으로 싱가포르(2016년 기준으로 약 5,607,300명)보다 많습니다. 반면에 인구밀도는 홍콩이 평방 킬로미터 당 6,544명인 반면 싱가포르는 7,797명으로 홍콩보다 높습니다.

하지만 2000년대 이후 특히 글로벌 금융위기를 거치면서 두 도시는 조금씩 달라지고 있습니다. 싱가포르는 금융위기 이후에도 연평균 6%대의 성장률을 보이는 반면 홍콩은 평균 4%대에 못 미치고 있습니다. 실업률, 특히 청년실업률에서도 싱가포르는 홍콩과 달리 거의 완전고용 수준입니다. 그 결과 이전까지는 거의 모든 경제통계수치에서 홍콩이 앞섰으나 구매력평가 기준으로 국내총생산(GDP: Gross domestic product) 규모에서 싱가포르가 어느새 홍콩을 추월하였습니다. 홍콩의 GDP는 2017년 추산으로 총 3,341억 400만불이며 일인당 평균소득은 44,999불인 반면 싱가포르의 GDP는 2018년 추산 총 4,168억 7,200만불이며 일인당 평균소득은 55,231불입니다. 또한 경제적 불평등을 의미하는 지니(Gini) 계수를 보면 홍콩은 2016년에 53.9, 싱가포르는 2014년에 46.4로 둘 다 높은 편이지만 싱가포르가 조금 낮습니다. 인간개발지수(HDI: Human Development Index)도 2015년에 홍콩이 0.917이고 싱가포르는 0.925로 둘 다 매우 높으나 싱가포르가 조금 앞서는 것을 볼 수 있습니다. (en.wikipedia.org/wiki/Hong_Kong, en.wikipedia.org/wiki/Singapore)

이렇게 된 결정적인 원인은 바로 산업구조의 차이라고 볼 수 있습니다. 싱가포르는 1970년대 이래 꾸준히 20~30%대의 제조업 비중을 유지하며 기술 혁신에 중점을 두고 고부가가치 제조업으로 탈바꿈하면서 대응했으나 홍콩은 대륙의 저임금을 찾아 공장을 옮기고 대신 이를 지원하는 금융과 서비스를 집중 육성하면서 제조업 비중을 줄이는 전략을 추구했기 때문입니다. 싱가포르의 제조업은 석유정제, 정밀화학, 전자부품을 넘어 최근 나노와 바이오산업으로 진화했고 따라서 임금이 높은 양질의 일자리를 지속적으로 창출해낸 반면에 홍콩이 역점을 둔 금융, 물류, 서비스는 경기 변동에 민감할 뿐만 아니라 연봉이 높은 소수와 대다수 저임금 근로자가 공존하여 빈부격차가 심화되고 있습니다. 따라서 앞으로 싱가포르가 홍콩보다 더 발전 전망이 밝아 보입니다.

나아가 가장 저의 관심을 끈 것은 싱가포르의 강력한 '토지공개념' 정책입니다. 일반적으로 홍콩이 싱가포르에 비해 주거비가 많이 듭니다. 가령 싱가포르 고급 주택단지에서 가구가 딸려 있는 약 85평방미터(약 25평) 아파트의 한달 임대료는 약 2,600달러(약 300만원)이지만 같은 조건의 홍콩 아파트 임대료는 4,900달러(약 558만원) 정도입니다. 지난 2003년 이후 홍콩 부동산 가격은 약 400% 상승하였으며 홍콩섬에서는 주거비 부담이 워낙 심하다 보니 방 하나를 여러 개로 쪼갠 칸막이 방에서 사는 인구가 20만명이 넘는다고 합니다.

제가 싱가포르에 도착했을 때 가장 인상적인 것은 주택개발공사(Housing & Development Board, HDB)에 의해 세워진 서민 아파트들이었습니다. HDB는 원칙적으로 시민권이나 영주권을 가진 사람만 분양 받거나 입주할 수 있으며 가격을 정부가 통제하기 때문에 싱가포르 서민들은 거의 대부분 자기 집을 소유하고 있는데 자가 소유 비율이 1970년 불과 30%에서 1990년 거의 90%에 이르기까지 단 20년 동안 급격히 증가한 것을 알 수 있습니다. 전국민이 법적으로 거의 확실하게 내 집을 마련 및 보유한 나라는 싱가포르 외에는 거의 없습니다. (https://namu.wiki/w싱가포르%20주택개발청)

이는 리콴유(Lee Kuan Yew 李光耀) 이전 수상의 확고한 신념에 의해 수립된 정책에 기반한 것으로 그는 1965년 말레이 연방에서 싱가포르가 갑자기 분리, 독립하게 되자 정치적 안정을 위해 모든 가구들이 집을 소유할 수 있어야 한다는 생각을 갖게 되었다고 합니다. 그래서 1960년에 HDB를 세우고 노동자들을 위한 저가 주택을 짓도록 하였으며 1964년에는 구매자들에게 낮은 금리의 15년 상환 조건으로 HDB 주택을 분양하도록 하였습니다. 하지만 대부분 가난했던 싱가포르 노동자들이 계약금인 주택 가격의 20%를 마련하기 어려워지자 퇴직 자금 플랜인 중앙후생기금(Central Provident Fund, CPF)의 적립 비율을 임금의 10%(피고용자 5%, 고용자 5%를 55세까지 적립)까지 늘린 후 이렇게 적립한 CPF에서 HDB 계약금(주택 대금의 20%)과 나머지 잔금을 20년 동안 매달 분납할 수 있도록 하였습니다. 나아가 HDB가 저렴하게 주택을 공급할 수 있도록 관련 법을 정비하여 토지 수용을 원활하게 만들었으며 그 후 법을 개정하여 공적 목적을 위해 땅을 구매할 때 1973년 11월 30일 시점 가격으로 지불하게 함으로써 공공 수용 토지의 땅 소유자가 지가 상승 차익을 누릴 수 없도록 만들었습니다. 이 과정에서 싱가포르 정부는 전체 국토의 90%를 소유하게 되었고 100만 채에 이르는 HDB 아파트를 값싼 비용으로 건설, 보급할 수 있었습니다.

이러한 토지 공개념은 사실 성경에 나와 있습니다. 레위기 25장 23절에 보면 "땅을 아주 팔지는 못한다. 땅은 나의 것이다. 너희는 다만 나그네이며, 나에게 와서 사는 임시 거주자일 뿐이다"라고 하나님께서 말씀합니다. 미국의 경제학자인 헨리 조지(Henry George)는 이 말씀을 경제학적으

로 깊이 연구하여 '진보와 빈곤(Progress and Poverty)' 이
라는 책을 통해 토지 공개념이 얼마나 중요한가를 역설하고
있으며 고 대천덕 신부님도 이를 강조했고 국내에서도 이를
정책으로 실현하려는 노력이 없지 않습니다. 부동산투기로
몸살을 앓는 한국사회가 부동산을 통한 불로소득이나 일확
천금의 세계관을 지양하고 이러한 성경적 원리를 과감히 도
입할 때 한국경제도 새로운 발전과 안정을 누릴 수 있을 것
입니다.

스티븐 통 목사의 총체적 사역
Pastor Stephen Tong' s holistic ministry

저는 2017년 5월 초에 잠시 인도네시아 자카르타의 카라와치(Karawaci) 지역에 있는 UPH(Universitas Pelita Harapan 인도네시아어로 '빛과 소망의 대학

사진 1
upload.wikimedia.org/wikipedia/commons/f/f5/U
niversitas_Pelita_Harapan_2016_Bennylin_01.jpg

교'라는 의미)에 강의 차 다녀왔습니다. 이 대학은 인도네시아의 대표적인 기독교 대학으로 역사는 20년 정도 밖에 되지 않지만 비교적 건강한 기독 명문 대학으로 자리를 잡아가고 있습니다. (사진 1) 이곳에 있는 인문대학(Faculty of Liberal Arts) 교수님들에게 기독교 세계관 및 이에 기반한 학문과 신

사진 2 encrypted-tbn0.gstatic.com
/images?q=tbn:ANd9GcQTgReorlQ6-
slw13QqUFvyBEKoTohHZBarmaXZql
DW24Tln6rpVlUMWQ

사진 3 encrypted-tbn0.gstatic.com
/images?q=tbn:ANd9GcR6GEPpCgc
WZQEBhu1HGGDKbR68vAKuSxUNO
gNjGMtVAJ4_Zp1fzQ

앙의 통합에 관해 세미나를 진행하면서 서로 많이 배울 수 있었습니다.

주일에는 자카르타에서 복음적이며 개혁적인 동시에 규모가 제일 큰 메시아 교회(Messiah Cathedral)를 방문하여 예배를 드리게 되었습니다. (사진 2, 3) 예배는 매우 인상적이었는데 9시에 시작하여 성찬식이 있어 그런지 거의 12시가 되어 마쳤습니다. 담임 사역자이신 스티븐 통(한자로는 唐崇榮: 당종영) 목사님은 매우 특이한 분이었습니다.

이 분은 1940년 중국에서 8남매 중 여섯째로 태어났으며 누이는 오직 한 명 뿐이었습니다. 그의 부친은 그가 세 살 때 돌아가셨고 일본의 압제로 가세가 기울었으나 어머니께서 오직 믿음과 기도로 자녀들을 양육하셨습니다.

1949년에 목사님 가족은 중국에서의 혁명을 피해 보다 나은 삶을 위해 인도네시아의 수라바야로 이주했습니다. 이 분이 15세가 되었을 때 이미 마르크스의 변증법적 유물론을 신봉하는 공산주의자였습니다. 다윈의 진화론을 믿으며 기독교는 "사악한 서양의 어리석은 종교"로 매우 비논리적인 교훈이라고 간주했습니다. 하지만 매일 아침 일찍 어머니께서 자녀들 한 명 한 명을 위해 기도하시는 소리를 들었다고 고백합니다.

1957년에 그의 어머니께서는 이 분에게 기독 청소년 집회에 참석해보라고 권하셨습니다. 그 집회 마지막 날 Andrew Gih라는 분의 부흥 설교에 이 분은 그리스도인이 되었으며 그 때부터 성경을 읽으며 어린아이들에게 가르치기 시작했습니다. 1964년에 말랑에 있는 남동 성경 신학교(Southeast Asia Bible Seminary: SEABS, 인도네시아어: Madrasah Alkitab Asia Tenggara, 현재는 Seminari Alkitab Asia Tenggara, SAAT)를 졸업한 후 그의 모교에서 교수가 되어 1964년부터 1988년까지 신학과 철학을 가르쳤습니다.

그러면서 세계 여러 나라, 여러 도시에서 복음 전도 집회를 인도하여 지금은 아시아의 빌리 그래함이라는 별명을 가지고 있을 정도입니다. 1978년에는 저명한 피아니스트이며 지휘자인 Jahja Ling과 함께 Stephen Tong Evangelistic Ministries

International (STEMI)이라는 전도 협회를 만들어 사역하고 있습니다. 이 분은 설교하실 때 중국어와 인도네시아를 번갈아 쓰시며 간혹 영어도 사용하시는데 옆에서 통역하시는 분이 인도네시아어와 중국어로 적절히 통역합니다. 이 교회에서의 예배에 나오는 찬송가는 중국어, 인도네시아어 그리고 영어인 3개 국어로 동시에 표시되어 외국인들도 큰 어려움 없이 부를 수 있으며 낮 예배는 물론 영어로 동시 통역됩니다. 이런 점에서는 한국의 대형 교회보다 훨씬 외국인 방문자들에게 매우 친근한 서비스를 제공하는 것으로 보입니다.

뿐만 아니라 이 분은 다양한 분야에 관심이 있어 골동품들을 모아 교회에 박물관(Sofilia Fine Art Center)도 세웠고 신학교를 세워 후진을 양성하고 있으며 개혁주의 연구소를 설립하여 현대의 주된 이슈에 대해 성경적 대안을 제시하고 더 놀라운 것은 최고의 하나님께 최상의 영광을 돌려 드리기 위해 예배당 옆에 1200석을 갖춘 훌륭한 콘서트 홀(Aula Simfonia Jakarta concert hall)까지 지었으며(사진 4) 본인이 중국어, 인도네시아어 그리고 영어로 작곡도 하면서 직접 헨델의 메시아를 지휘할 정도입니다. 제가 참석했던 예배에서도 찬양대는 멘델스존의 찬송가를 독일어로 직접 부를 정도로 수준이 높았습니다.

지금도 이 분은 매 주마다 인도네시아, 싱가포르, 말레이시

사진 4

아, 홍콩 및 타이완을 방문하여 복음을 전하고 있습니다. 저는 이 분을 보면서 21세기 아시아에서는 이미 복음의 횃불이 한국에서 중국계로 넘어간 것이 아닌가 하는 느낌을 지울 수가 없었습니다. 물론 이 분의 모든 사역이 완벽하지는 않을지라도 이 시대 사역의 새로운 패러다임을 확인할 수 있었습니다. 주님께서 새 포도주는 새 부대에 넣어야 한다고 말씀하신 것처럼(마 9:17; 막 2:22; 눅 5:38) 우리는 날마다 개혁되는 마음으로 우리의 사역을 새롭게 갱신해야 할 것입니다.

과라레마의 성탄절
The Christmas of Guararema

브라질의 수도인 사웅파울로에서 약 한 시간 북동쪽으로 떨어진 곳에 있는 작은 도시 과라레마(Guararema)가 있습니다. 이 도시는 작지만 깨끗하고 아름다운 상 파울로 교외의 전원 도시로 많은 관광객들이 방문한다고 합니다. 마침 제가 갔던 때가 강림절(Advent) 기간 중이어서 시내 중심은 성탄 장식으로 아름답게 수놓아져 있었습니다. 시내 입구에는 '과라레마: 성탄의 도시(Guararema Cidade Natal)' 라고 적어 놓았습니다. (사진 1)

길거리 가로수에도 반짝이는 불들을 달아 놓았고 교회당 앞 광장에는 성탄 트리와 함께 아기 예수님의 마구간을 재현해 놓았습니다. (사진 2) 그 뒤에 있는 작은 강 위로 다리가 있었는데 그 주변에도 아기 천사들과 성탄 종 등 아기자기한 장

사진 1 www.sahssaricando.com/wp-content/uploads/2014/12/Guararema-Cid_-Natal.jpg

사진 2 www.tempointegralblog.com/wp-content/uploads/2014/11/Guararema1.jpg

식들이 방문객들의 눈길을 사로잡았습니다. 그런데 낮보다 밤에 더 많은 사람들이 찾아오고 있었는데 그 이유는 이 많은 장식들 안에 작은 전등들이 들어 있어 화려한 야경을 연출하기 때문이었습니다. (나머지 사진들)

하지만 가장 놀라운 것은 이 도시에서 사용한 모든 성탄 장식물이 재활용품이었다는 것입니다. 주로 플라스틱 생수병의 밑부분 및 다른 부분들을 잘라서 색칠을 하고 서로 엮어서 너무나 아름다운 작품을 만들어낸 것입니다. 저는 지금까지 이렇게 재활용품을 이용하여 도시 전체가 성탄 장식을 한 곳을  보지 못했기에 매우 깊은 감동을 받지 않을 수 없었습니다.

사진 3

s2.glbimg.com/SYC7mMutleEnnhNTHzi0aLo_R5Q=/620x465/s.glbimg.com/jo/g1/
f/original/2013/12/08/dscn4438.jpg

아울러 이곳에 있는 브라질 성도들의 성숙한, 환경에 대한
청지기 의식과 함께 수준 높은 예술 수준에 경의를 표하지 않
을 수 없었습니다. 해마다 성탄절은 과도한 소비와 쇼핑 문화
로 얼룩지기 쉬운데 이러한 도시의 관광 철학은 진정 신선하
게 다가왔습니다. 저희가 떠날 저녁 8시경에도 계속해서 자동
차들이 이 도시로 줄지어 들어오고 있는 모습을 보면서 이 도
시가 계속해서 지속 가능한 관광 아이디어로 많은 사람들에

게 사랑 받는 도시가 되길 희망했습니다.

성탄은 하나님께서 아기의 연약한 모습으로, 하늘의 모든 영광을 버리시고 낮고 천한 마구간 구유로 오신 놀랍고도 신비로운 축복의 사건입니다(눅 2:1-14). 우리도 아기 예수님의 겸손한 섬김을 본받아 더욱 낮아지며 이 세상에서 우리의 청지기적 책임의식을 새롭게 하여 하나님의 나라가 완성되어 가장 아름다운 새 예루살렘에 함께 들어가는 우리 모두가 되어야 하겠습니다.

디아스포라 선교의 비전
Vision for Diaspora mission

지난 2017년 8월 15일(화)부터 18일(목)까지 독일 프랑크푸르트의 Jahrhunderthalle(독일의 화학회사인 Hoechst사가 1963년에 백 주년을 기념하여 지은 컨벤션 센터)에서 제 5회 햇불 한민족 디아스포라 선교 대회가 개최되었습니다. (사진 1) 전세계에 흩어진 한인 디아스포라 그리스도인들 약 1800여명이 모여 주님 안에서 정체성을 새롭게 확인하고 선교 사명에 헌신하는 귀한 시간이었습니다.

특별히 올해는 Reformation 500주년을 기념하며 독일에서 개최되어 더욱 의미 있었다고 생각합니다. 당시 종교개혁을 돌이켜 보면 대부분의 개신교도들이 난민이요 디아스포라가 되었음을 알 수 있습니다. 그 당시에 개신교도가 된다는 것은 그야말로 모든 기득권을 포기하고 심지어 죽음을 각오하지 않으면 안 되는 일이었습니다. 독일에서 마틴 루터의 개혁운동이 1555년 아우구스부르크(Augsburg) 평화조약으로 일단락되면서 "Cuius regio, eius religio"라는 원칙 하에 그 지역의 군주가 천주교와 개신교 둘 중의 하나를 선택하면 그곳에 사는 백성들은 영주의 신앙에 따라

가거나 아니면 자신의 신앙에 맞는 곳으로 이주해야만 했습니다. 이 때에도 천주교 신자들보다는 개신교도들이 고향을 떠나 신앙의 자유를 찾아 떠난 경우가 더 많았습니다.

네덜란드의 개신교도들도 천주교의 박해가 일어나자 일부는 남아공으로 이주하여 지금의 남아공화국의 기틀을 놓았으며 대부분은 안트베르펜(Antwerpen)에 살다가 스페인의 군대에 의해 함락되자 암스테르담으로 대거 이주하였는데 이들은 대부분 기업가들이어서 17세기에 네덜란드가 전세계 무역을 독점하여 황금시대를 구가하는 번영을 누리는 계기가 됩니다.

사진 2 www.museeprotestant.
org/wp-content/uploads/
2016/06/XVI_Premier-Refuge
2-250x250-1467119185.jpg

　프랑스의 개신교도들인 위그노들도 특히 악명 높은 성 바돌로매의 학살 이후 수 만 명이 신앙의 자유를 찾아 스위스, 독일, 네덜란드, 남아공 그리고 심지어 남미까지 흩어졌습니다. (사진 2) 그런데 이들 대부분은 자본가, 고급 기술자 그리고 금융업자들이어서 이들을 받아준 나라들이 크게 발전하게 되었고 프랑스는 수많은 인재를 잃어버리는 결과를 낳게 되었습니다.

　영국의 청교도들도 신앙의 자유를 찾아 디아스포라가 됩니다. 먼저 유럽에서 가장 관용적이었던네덜란드 레이든에 정착하여 40년간 생활하다가 다시 메이 플라우어 호를 타고 미국으로 건너가게 된 것을 보게 됩니다. 이들은 신앙을 중심으로 지금의 세계 최강국인 미국을 건설하였습니다.

우리 한인동포들도 초창기 대부분 원치 않은 이민으로 하와이, 멕시코, 중앙아시아 등지로 흩어졌으나 그곳에서 열심히 노력하여 지금은 전세계 181개국에 750여만명이 자리잡고 살아가는데 그 어떤 민족보다 교회를 세우고 신앙을 중심으로 살려고 노력하는 것은 분명 하나님의 깊은 섭리가 있다고 봅니다.

하나님께서는 이스라엘 민족이 범죄하자 징계하셔서 바벨론으로 흩으셨지만 나중에는 자기 백성들을 나중에 다시 모으시겠다고 약속하셨습니다(사 11:12; 49:5; 66:20; 겔 20:34, 41; 34:12). 신약 시대에도 비록 박해로 흩어진 하나님의 백성들이 유대인들 뿐만 아니라 이방인들에게도 복음을 전하여 안디옥 교회를 세웠고 그 교회를 통해 유럽이 복음화되는 놀라운 역사를 우리는 사도행전에서 보게 됩니다(행 8:4; 11:19). 나아가 사도 베드로는 이렇게 흩어진 하나님의 백성들이야말로 왕 같은 제사장이요, 거룩한 백성이며 하나님의 소유된 백성으로 전 세계에 하나님의 복음과 영광을 선포하여야 할 귀한 사명이 있음을 강조합니다(벧전 1:1; 2:9).

따라서 우리가 어디에 있든지 그곳에서 화평케 하며 요셉과 다니엘처럼 귀하게 쓰임 받아 축복의 통로가 된다면 하나님께서 영광을 받으시고 더 많은 열방들이 주님 앞으로 돌아오게 될 것입니다.

여성의 지위 향상
The improvement of women's status

지난 2017년 7월에 저는 WE-UP 사업의 일환으로 여학생들을 인솔하여 유럽 3개국(네덜란드, 벨기에 및 독일)을 방문하였습니다. WE-UP이란 여성공학인재양성사업(Women in Engineering-Undergraduate Leading Program)으로 제 4차 산업혁명 시대를 대비하여 여성공학자들을 더 많이 육성하기 위한 교육부의 정책인데 이 사업에 제가 섬기는 한동대가 선정되어 유럽 연수를 다녀오게 된 것입니다.

네덜란드, 벨기에 및 독일 3개국의 다양한 기관들과 여성공학자들을 만나면서 받은 느낌은 우선 공학 분야에 여성들의 진출 상황은 유럽이나 한국이나 크게 다르지 않다고 하는 점입니다. 유럽에도 보이지 않는 여성에 대한 선입관이 있어 이 분야에 진출하는 여성들의 비율이 크게 높지는 않습니다.

하지만 한 가지 중요한 점은 유럽에서는 남성과 여성의 성적 차이에 관한 인식이 훨씬 덜 느껴진다는 점입니다. 벨기에의 한 연구소에서 만난 한 한인 여성 공학자는 한국에서 일할 경우에는 여성이기 때문에 느껴야 하는 여러 가지 한계들이 있었다면 유럽에서는 그러한 점들을 거의 의식하지 않고 본인의 일에 집중할 수 있다는 점이라고 지적합니다. 기타 출산, 육아 휴직 및 자녀 양육에 관한 복지도 물론 서구 유럽이 훨씬 앞서 있음을 볼 수 있습니다.

그렇다고 해서 남성이 할 수 있는 모든 일들을 여성이 할 수 있다고는 생각하지 않습니다. 가령 힘든 육체노동 및 기술을 요하는 직업(가령 technician)은 아무래도 여성들의 숫자가 적은 편입니다. 반면에 독일의 경우 여성 정치인들의 활약이 매우 돋보입니다. 앙겔라 메르켈(Angela Merkel) 총리는 말할 것도 없고 심지어 2013년 12월 17일에 국방부 장관으로 여성인 우르줄라 폰 데어 라이엔(Ursula von der Leyen 사진 1)이 취임한 것을 볼 수 있습니다. 이 분은 이전에 노동가족부 장관을 지냈으며 7남매의 엄마이자 의사 출신으로 상당히 정치적으로 인기가 높아 메르켈을 이을 수상 후보라고 합니다. 현재 유럽에서는 독일 뿐만 아니라 프랑스, 네덜란드, 이탈리아, 스페인 여성이 국방장관에 임명되어 있습니다. 1990년 핀란드를 시작으로 유럽 최초의 여성 국방부 장관이 탄생한 이래 EU 18개국에서 여성 국방부 장관을 잇따라 배출했는데 스웨덴은 세 차례, 노르웨이는 다섯 차례에 달한다고 합니다.

성경적으로 보면 하나님은 남성과 여성을 동등하면서도 다르게 창조하셨음을 알 수 있습니다. 차이(difference)는 있지만 차별(discrimination)은 없습니다. 오히려 서로 보완하며 도움을 주고 받으며 사랑으로 협력하는 관계로 지으셨습니다. 하지만 인간이 타락한 이후부터 남성은 여성을 지배하기 시작했으며 성적 착취의 대상으로, 열등한 존재로 대우하는 것을 거의 모든 지역에서 볼 수 있습니다. 그 결과 여성들은 너무나 많은 고통을 받아왔음을 부인할 수 없습니다.

그러나 예수 그리스도의 구속은 바로 이러한 부분도 회복시켜 주셨습니다. 간음한 여성에게 돌을 던지기 보다는 회복시켜 주심으로 새로운 삶을 시작할 수 있게 해 주셨으며 성령께서도 루디아라는 여성을 통해 이방 선교의 새 장을 여시는 역사도 사도행전 16장에서 볼 수 있습니다.

나아가 종교 개혁은 여성들에게도 교육의 기회를 부여하여 여성들의 인권을 신장하였으며 근대에 와서 참정권이 부여된 것 또한 알 수 있습니다. 한국에도 선교사들이 들어온 이후에야 여성들에게 비로소 교육의 기회가 주어져 수많은 여성 인재들이 배출된 것은 부인할 수 없는 사실입니다. 여성을 차별하는 다른 세계관들과 달리 기독교 세계관은 여성을 존중하

사진 1

며 그들의 권익 신장을 위해 노력함을 알 수 있습니다.

사도 바울은 우리에게 "유대 사람도 그리스 사람도 없으며, 종도 자유인도 없으며, 남자와 여자가 없습니다. 여러분 모두가 그리스도 예수 안에서 하나이기 때문입니다."라고 갈 3:28에서 강조합니다. 하나님의 나라에는 모든 민족적, 인종적, 신분적, 성적 차별이 철폐되고 주님 안에서 온전히 하나 됨을 경험합니다. 그리스도인들과 교회들이 먼저 이러한 모습을 세상에 보여준다면 세상을 점진적으로 변화시켜 나갈 수 있을 것입니다.

제 4차 산업혁명: 약인가 독인가?
(The 4th Industrial Revolution: good or bad?)

지난 2016년 1월 스위스의 다보스포럼(Davos Forum)에서는 제 4차 산업혁명이 시작되었음을 인식하였고 이것이 현재 선진국들을 중심으로 큰 변화를 가져오고 있습니다. '제 4차 산업혁명(The 4th Industrial Revolution)' 이라는 용어는 제네바 대학교에서 경제학을 가르친 후 은퇴한 클라우스 슈밥(Klaus Schwab 사진 1) 교수가 사물 인터넷(IoT: Internet of Things), 센서, 로봇, 인공지능(Artificial Intelligence), 가상현실(Virtual Reality), 증강현실(Augmented Reality), 빅데이터(Big Data), 3D 프린팅, 클라우드(Cloud), 자율주행자동차, Smart Healthcare/Home/Factory/Campus/City, 정밀의학, 뇌과학(Brain Science) 등 새로운 기술적 진보를 묘사하기 위해 사용하기 시작했습니다.

이러한 새 기술들은 장차 우리의 삶을 크게 변화시킬 잠재력을 가지고 있으며 많은 문제들을 해결할 수 있을 것입니다. 보다 지능적이고 자동화된 기술에 의해 우리는 재생 가능한 에너지를 생산할 수 있으며 기후변화에도 대처할 수 있고 수십억의 사람들을 인터넷에 접속시켜주고 주택 문제를 해결하며 만성질병 치료법도 발전시킬 수 있을 것입니다. 이런 기술적 진보는 멀지 않아 현실이 될 것입니다. 특히 교통, 인공지능 및 핀테크(FinTech)같은 새로운 지불 방식 기술 등은 괄목할 만한 발전이 이루어질 것으로 보입니다. 하지만 이 모든 면에 긍정적인 동시에 부정적인 면이 있는 것도 사실입니다.

가장 큰 염려는 일자리를 잃어버리지 않을까 하는 점입니다. 제조업 및 육체 노동자들의 일자리를 자동화 시스템이 대체하고 인공 지능이 숙련된 기술자들, 정신 노동자들, 은행, 법조계 또는 의학계의 일자리도 대체할 가능성이 높습니다. 이것은 세계 경제에 또 다른 경기 불안을 가져올 수도 있을 것입니다. 하지만 기술적 도약이 흔히 오래된 직업들을 제거하는 동시에 새로운 직업을 창출하기도 하는데 그러한 직업들은 우리가 상상하지 못한 것들이 될 수도 있습니다. 가령, 비행기가 발명되자 조종사, 승무원 그리고 많은 공항 요원들과 여행사들에게 일자리가 생겨났습니다. 이것은 또한 수많은 사람들에게 전세계 여러 지역들을 여행할 수 있는 기회를 제공하기도 했습니다.

두 번째로 제 4차 산업혁명은 가진 사람들과 그렇지 못한 사람들 간의 불평등이 심화될 것이라는 점입니다. 이것은 여러 나라들 간에도 큰 도전이 되고 있으며 한 국가 안에서도 일어나고 있습니다. 어떤 국가들은 아직 제 2차, 3차 산업혁명도 진행 중입니다. 가령 이들 나라의 도시들은 스마트하고 자동화된 문명생활을 누리는 반면에 전기가 없고 낙후된 시골에 3D 프린팅이나 정밀 의료산업은 아무런 의미가 없을 것입니다.

세 번째 관심사는 특별히 로봇이나 인공지능과 관련된 것인데 우리의 삶이 "비인간화"되는 것이 아닌가 하는 것입니다. 인간적 삶의 질, 가령 공감, 민감, 창조성 그리고 영감 등에 대해 새로운 반성과 강조가 이루어지고 있습니다.

네 번째로는 이러한 기술적 진보가 가져올 수 있는 윤리적이고 도덕적인 도전들입니다. 가령 발전된 유전공학기술이 우생학(eugenics)을 낳을 수도 있으며 자율주행자동차가 과연 보행자를 치거나 승객을 희생하는 것 중에 하나를 선택해야 한다면 어느 것을 할 것인가 하는 점입니다.

어떤 분들은 이것을 지나친 기우라고 생각합니다. 결국 기술의 발전은 불가피합니다. 누구도 이러한 진보의 속도를 줄일 수 없을 것입니다. 여기서 논의의 핵심은 우리가 어떻게 하

사진 1
i.ytimg.com/vi/7xUk1F7dyvI/maxresdefault.jpg

면 부정적이고 의도하지 않았던 변화의 결과들을 피할 수 있을까 하는 것입니다.

이와 동시에 우리가 주목해야 할 점은 우선순위(prioritization)입니다. 4차 산업혁명을 이끌고 온 기술적 혁신은 기업들에 의해 주도되고 있습니다. "혁신(innovation)"이란 발명을 상업적으로 적용하는 것입니다. 가령 석유 가격에 따라 대체 에너지 R&D가 유동적이고 휘발유 가격에 따라 하이브리드 또는 전기자동차의 매력도가 변합니다.

최근 국제연합은 새천년 발전 목표들을 더욱 구체화시켜 빈곤을 종결하고 지구를 보호하며 모든 사람들에게 번영을 가져다 주기 위한 17가지의 지속 가능한 발전 목표들을 매우 구체적으로 설정했습니다. 즉, 빈곤, 기아, 음식의 안전, 건강, 교육, 에너지, 물 그리고 위생 등입니다. 가령 건강한 삶을 보장하고 모든 연령층의 복지를 증진시키기 위해 2030년까지 신생아 사망률을 10만명당 70명 이하로 줄이고 5세 이하의 영아 사망도 예방하며 AIDS, 결핵, 말라리아 및 지금까지 무시해온 열사병들을 퇴치하고 간염, 수인성 질병 및 기타 전염병들을 퇴치하는 것입니다.

물론 기술적 진보만이 이 모든 목표를 달성하는 해결책이 될 수는 없습니다. 여기서 우리가 고려해야 할 부분은 어떤 기술들을 우선적으로 발전시키느냐 하는 것입니다. 우리가 어떻게 정책을 입안하고 경제적인 인센티브를 제공하여 기술적 진보를 이루어야 할지, 정부와 기업의 역할은 각각 무엇인지, 현재 상태를 개선하기 위해 에너지와 수백만 명의 기업가들을 어느 방향으로 인도해야 할지 고민해야 할 것입니다. 지구촌의 필요를 채워주기 위해 해결책을 제시하고 발전시켜 나가는 것은 우리 모두의 책임입니다.

특별히 그리스도인들은 이러한 글로벌 이슈에 대해 보다 책임의식을 가진 청지기적 세계관을 가지고(창 1:28; 2:15) 이러한 움직임에 대해 보다 능동적으로 대처해야 할 것입니다.

PART 03

순례자의 통찰력

Pilgrim's Insight

살라미에서 바보까지
From Salamis to Paphos

크레타(Crete, κρήτη)와 키프로스(Cyprus, κύπρος)는 지중해의 두 큰 섬입니다(사진 1). 면적을 비교하면 키프로스가 9,251km²이고 크레타가 8,303km²로 키프로스가 조금 더 크며 인구도 키프로스는 백만 명이 넘지만 크레타는 62만명 정도입니다. 또한 키프로스는 독립공화국으로 유럽연합에 가입되어 있는 반면 크레타는 그리스에 속해 있습니다. 하지만 두 섬 모두 그리스어가 가장 많이 사용되고 있으며 북유럽 사람들이 방문하는 휴양지로 명성이 높습니다. 또한 그리스 신화에 의하면 제우스(Zeus)신이 페니키아의 공주 에우로페(Εὐρώπη)에 반해 그를 크레타에 데리고 와서 세 아들을 낳아 유럽 문명의 시초가 되었으며 유럽(Europe)이라는 말이 이 공주 이름에서 나왔다고 합니다. 반면에 키프로스는 미의 여

사진 1

www.ashmolean.museum/ash/amulet
s/cypruscopper/images/MedMap.jpg

사진 2

i.ytimg.com/vi/TPno4izCJM/maxresde
fault.jpg

신 아프로디테(Ἀφροδίτη 로마신화의 비너스)의 탄생지이기
도 합니다. 철학자로서 유명한 사람으로 크레타에 에피메니
데스(Epimenides)가 있다면 키프로스에는 스토아(Stoa) 학
파의 창시자인 제논(Zenon)이 유명합니다.

동시에 이 두 섬은 사도행전에서 매우 중요한 역할을 하고
있음을 볼 수 있습니다. 키프로스는 바나바(Barnabas)의 고
향(행 4:36)으로 바울과 바나바가 안디옥 교회로부터 파송 받
아 처음 선교한 지역이며(행 13장) 크레타는 나중에 디도
(Titus)에 의해 교회가 세워진 곳입니다(딛 1장). 그래서 디도
는 크레타교회의 첫 번째 주교인 동시에 수호 성자로 존경 받
고 있으며 크레타의 수도인 헤라클리온(Heraklion)에는 그를
기념한 교회가 있습니다. 하지만 키프로스의 초대 주교는 바
나바가 아니라 나사로(Lazarus)입니다. 전승에 의하면 죽은

<table>
<tr><td>사진 3</td><td>사진 4</td></tr>
</table>

사진 3
www.a1cyprus.com/upload_image/im
ages/st.barnabas.monastery.jpg

사진 4
yourholidayhomes.com/images/conte
nt/thinks/184/orig-10455971.jpg

지 나흘 만에 다시 살아난 나사로는(요 11장) 박해를 피해 키
프로스의 라르나카(Larnaca)라는 곳에 와서 평생 복음을 전
하며 사역하다가 소천하여 지금도 그를 기념하는 교회가 라
르나카의 랜드마크가 되어 있습니다(사진 2). 바나바는 키프
로스의 수호 성자로서 동쪽 끝에 있는 살라미(Salamis) 지역
에서 태어나 소아시아 지역에서 복음을 전하다가 나중에 다
시 키프로스에 왔는데 유대인들에 의해 순교하여 그를 기념
하는 수도원과 무덤이 이곳에 있습니다(사진 3).

두 섬 모두 사도 바울과도 깊은 관련이 있는데 먼저 키프로
스는 바나바와 첫 선교를 한 지역입니다. 동쪽 살라미에서 시
작하여 여러 유대인 회당에서 복음을 전한 후 섬을 가로질러
서쪽 끝에 있는 당시 로마제국의 키프로스 수도였던 바보
(Paphos)에 갑니다. 200km가 조금 안 되는 거리라 자동차로

는 3시간 정도면 갈 수 있으나 당시 험한 지형을 걸어서 또는 동물로 이동할 경우 최소한 일주일은 걸렸으리라 생각합니다. 누가는 바울이 바보에서 마술사 엘루마(Elymas)를 영적으로 제압한 후 당시 키프로스의 최고 권력자였던 로마 총독 서기오 바울(Sergius Paulus)에게 복음을 전하여 마침내 그가 믿게 되는 놀라운 열매를 맺었음을 우리에게 알려주고 있습니다(행 13장). 하지만 동시에 전승에 의하면 바울은 고린도후서에서 언급한 40에 하나 감한 매를 이곳에서 맞아(고후 11:24) 지금도 그가 잡혀 태형을 당한 돌기둥이 남아 있음을 볼 수 있습니다(사진 4). 물론 그 전에도 스데반의 순교 이후 그리스도인들이 이미 키프로스에 가서 유대인들에게 복음을 전했으며 이곳의 그리스도인들이 나중에는 안디옥에 가서 이방인들에게도 복음 전한 것을 볼 수 있습니다. (행 11:19-20) 그리하여 키프로스는 지금도 이슬람으로 둘러싸인 중동지역에 유일하게 기독교 국가로 남아 있어 주변에서 사역하시는 선교사님들의 전략적인 거점이 되고 있습니다.

반면에 크레타는 사도 바울이 로마로 잡혀 가면서 잠시 '아름다운 항구' (지금의 Kaloi Limenes: καλοί Λιμένες)에 들립니다(행 27:8). 거기서 겨울을 나자고 제안한 바울의 의견이 무시되고 선장과 선주의 뜻에 따라 뵈닉스(Phoenix, 지금의 Foinikas: φοίνκας)로 가려 하다가 결국 '유라굴로 (Euroclydon: εὐροκλύδων북동풍이라는 의미임)' 라고 하는 광풍을 만나 큰 어려움을 겪다가 겨우 지금의 몰타(Malta) 섬에 상륙하여 구원을 얻게 되는 것을 볼 수 있습니다(행 27-28장).

사도행전은 28장으로 마치고 있지만 지금도 29장을 써내려 가고 있는 귀한 단체가 있는데 그것은 바로 SAT7이라는 방송 선교 단체입니다(www.sat7.org). 테리 아스콧(Terrence Ascott) 박사에 의해 1996년에 시작되어 아랍어, 터키어, 이란어로 인공위성 및 인터넷을 통해 수억의 무슬림에게 복음을 전하고 있습니다. 나아가 최근에는 시리아 난민 등 중동의 문맹자들을 위한 교육방송인 SAT7 Academy라는 채널도 시작하여 많은 어린이들에게 도움을 주고 있습니다. 본부는 키프로스의 수도인 니코시아(Nicosia)에 있으며 국제적인 조직으로 여러 나라에 지부가 있습니다.

저는 이번에 며칠 시간을 내어 키프로스를 방문하면서 영적 순례를 하였습니다. 라르나카에서 나사로를 만났고 살라미에서는 바나바를 그리고 바보에서는 바울 사도를 묵상했으며 마지막으로 SAT7을 방문하여 주님께서 지금도 이분들을 통해 역사하심을 확인하고 큰 격려를 받았습니다.

마지막으로 한가지 언급하지 않을 수 없는 것은 키프로스가 한반도처럼 남북으로 분단되어 있다는 사실입니다. 1974

년 터키가 키프로스에 있는 터키인들을 보호한다는 명분으로 군사적 침공을 감행하여 지금까지 북쪽의 35%정도는 터키가 강점하고 있습니다. 그래서 사실 살라미의 바나바 기념 수도원 및 무덤을 가려면 우리나라의 휴전선과 같은 그린라인을 넘어 여권 검사를 통과하여 북 키프로스로 갈 수 있습니다. 그나마 이렇게라도 서로 왕래할 수 있으니 다행이라고 생각합니다. 살라미 옆에 있는 파마구스타(Famagusta)는 한 때 키프로스에서 제일 큰 항구였으며 매우 아름다운 해변을 자랑하지만 1974년 이후 대부분의 건물은 비어 지금은 유령의 도시(Ghost Town)라고 불립니다. 나아가 한 때 이곳에는 365개의 교회가 있어 매일 돌아가면서 기념 행사가 열렸으나 지금은 거의 다 사라졌고 가장 큰 교회당은 모스크로 변해 있었습니다. 심지어 수도인 니코시아도 남북으로 분단되어 있으며 물론 서로 왕래할 수는 있는 검문소가 있으나 다른 지역들은 철조망이 쳐있고 군인들이 삼엄한 경계를 하고 있는 모습을 보며 우리 휴전선의 아픔을 다시금 생각하며 이 나라를 위해서도 기도하지 않을 수 없었습니다.

역사의 주인이시며 선교도 주관하시는 주님께서 이 시대에도 계속해서 바나바, 바울, 나사로와 마가 요한 같은 종들을 세우셔서 주님의 나라가 계속 확장될 수 있도록 기도해야 하겠습니다.

사도 바울과 성 보블리오
Apostle Paul & St. Publius

　사도행전 28장을 보면 사도 바울이 크레타를 떠나 로마로 가다가 유라굴로라는 광풍을 만나 큰 어려움을 겪다가 마침내 구사일생으로 한 섬에 상륙하게 되는 것을 볼 수 있습니다. 이 섬은 당시에는 멜리데(Μελίτη, Melite)라고 불리었고 지금은 몰타(Malta)라고 불리는 섬입니다. 현재 멜리데는 몰타 섬의 임디나(Mdina) 및 라바트(Rabat)의 옛 도시지역을 뜻합니다. 몰타 공화국은 유럽연합의 회원국으로 면적은 강화도와 비슷한 316 평방km이며 인구는 약 45만 명으로 세계에서 가장 작으면서도 가장 인구밀도가 높은 나라들 중 하나이기도 합니다.

　이 섬의 북서쪽에는 성 바울의 만(St. Paul's Bay)이 있는데 전승에 의하면 바울 사도는 바로 이곳에 상륙했다고 합니다.

사진 1
upload.wikimedia.org/wikipedia/com
mons/c/c6/St._Paul%27s_Bay_church.
JPG

사진 2
shortletsmalta.files.wordpress.com/20
16/08/wignacourt_museum__st_pauls_
grotto.jpg?w=1080

그래서 지금도 이곳에는 그의 상륙을 기념하는 작은 성당이
있습니다. (사진 1) 불행하게도 2차 세계대전 때 독일군에 의
해 이 성당 바로 뒤에 있던 연합군 사령부 건물로 오인 받아
폭격에 파괴되었고 대신 연합군 사령부는 폭격을 피했다고
합니다. 하지만 전후에 다시 복구되었고 건물 외벽에는 사도
바울에 이 섬에 상륙한 사도행전 28장이 그림과 함께 여러 나
라 언어로 새겨져 있음을 볼 수 있습니다.

바울 일행이 이 섬에 상륙했을 때 섬사람들은 매우 친절하
게 일행을 영접하여 호의를 베푸는 것을 사도행전 28장 2절
이하에서 볼 수 있습니다. 비가 내린 뒤라서 날씨가 추웠으나
그들은 불을 피워서 따뜻하게 해 주며 일행을 맞아 주었습니
다. 하지만 하나의 주목할 만한 사건이 일어납니다. 바울이
나뭇가지를 한 아름 모아다가 불에 넣었는데 뜨거운 기운 때

문에 독사가 한 마리 뒤어나와 바울의 손에 달라붙었던 것입니다. 이를 보고 섬 사람들은 바울을 살인자로 오해합니다. 하지만 바울은 그 뱀을 불 속에 떨어버렸고 결국 아무런 해도 입지 않자 섬 사람들은 바울을 신으로 생각하였습니다. 이는 당시 섬 사람들의 세계관에 대해 바울이 성령의 능력으로 극복하고 영적인 권위를 가지게 되는 사건으로 볼 수 있습니다.

나아가 이 섬 전체가 주님께 돌아오는 결정적인 사건이 일어납니다. 바나바와 함께 키프로스를 방문했을 때 그 섬의 수도였던 바보(Paphos)에서 박수 엘루마를 영적으로 제압하고 총독 서기오 바울에게 전도하여 결국 그 섬 전체가 복음화 되었던 것과 유사한 사건이 이 멜리데에서도 일어난 것입니다. 이 섬의 추장(또는 왕자)인 보블리오(Publius)가 농장을 가지고 있었는데 바울 일행을 그곳에 초대해 사흘 동안이나 친절하게 대접해 주었습니다. 그런데 마침 그의 부친이 열병과 이질에 걸려서 병석에 누워 있었고 바울이 기도하고 손을 얹어서 낫게 해주었습니다. 그러자 이 섬에서 병을 앓고 있는 다른 사람들도 찾아와 고침을 받게 됩니다. 그러면서 사도 바울은 석 달 동안 이 섬에 머물며 복음을 전하여 섬 전체가 복음화되는 놀라운 역사가 일어났고 지금도 이 섬은 가톨릭이 매우 강한 나라입니다. 이 섬의 과거 수도였던 임디나 성 밖인 라바트 지역에는 바울이 복음을 전했던 곳으로 알려진 동굴(사진 2)

사진 3
img.groundspeak.com/waym
arking/display/93455ce0-
e2d0-4d9e-b176-64adb0d
0fc48.jpg

사진 4
upload.wikimedia.org/
wikipedia/commons/th
umb/e/e9/Saint_Publiu
s-2.jpg/320px-Saint_
Publius-2.jpg

과 기념 성당이 있는데 그 동굴 옆에는 그리스도인들이 박해를 피해 숨었던 카타콤도 그대로 남아 있습니다.

보블리오 및 섬 사람들은 복음을 받는 동시에 극진한 예로 바울 일행을 대하여 주었으며 바울 일행이 떠날 때에는 필요한 물건들을 배에 실어 주었다고 성경은 기록하고 있습니다. 그리하여 이 보블리오는 이 섬에서 최초로 주교가 되었고 나중에는 순교하여 사도 바울과 함께 몰타의 수호 성자로 존경받고 있습니다. 지금도 이 섬의 수도인 발레타(Valetta)의 플로리아나(Floriana)에는 그를 기념한 성당과 동상이 세워져 있습니다. (사진 3, 4) 몰타의 여러 성당에는 이 보블리오와 바울의 동상이 함께 서 있는 것을 자주 볼 수 있으며 이곳에서 사역하시는 한 목사님에 의하면 말타 주민들은 매우 신앙심이 깊어 매일 성당의 미사에 참석하는 숫자가 상당하며 주일에는 여러 번 미사가 있으나 많은 분들이 모인다고 합니다.

이 섬에서 일어난 '치유'의 사건이 전통이 되어 나중에 이곳에 '성 요한 기사단(Order of Saint John)'이 정착하게 됩니다. 이 기사단의 원래 이름은 '성 요한의 예루살렘과 로도스와 몰타의 주권 구호기사수도회(The Sovereign Military Hospitaller Order of Saint John of Jerusalem, of Rhodes and of Malta)'인데 1080년 성지를 순례하는 순례자들을 위해 예루살렘에 세워진 아말피(Amalfi) 병원에서 시작된 기사수도회입니다. 이 기사단은 원래 십자군 원정에서 발생한 환자들을 돌보기 위해 예루살렘에 주둔하다가 나중에 오스만 투르크에 밀려 키프로스(Cyprus) 섬과 로도스(Rhodos) 섬을 거쳐 이곳 몰타에 정착하게 됩니다.

국제법적으로 이 기사단은 현재 로마에 본부가 있으며, 영토를 제외하고 독자적인 헌법과 법원 등 독립국으로서 갖춰야 할 대부분의 요소들을 갖추고 있으며 독자적 외교 사절, 자국 등록 선박, 자체 자동차 번호판 등도 가지고 있고, 우편 협정을 유지하고 있는 몇몇 나라들에서만 통용되는 우표도 발행함으로써 영토 없는 국가(www.orderofmalta.int)로 불리기도 합니다. 이 기사단의 단원들은 유럽의 여러 나라에서 왔으며 독일에도 이와 관련한 단체들이 지금도 봉사활동을 하고 있는 것을 볼 수 있습니다. 가령 말타봉사회(Malteser Hilfsdienst: www.malteser.de)는 가톨릭 구호단체이며 이에 상응하는 개신교 구호단체는 요한구조봉사대(Johanniter-Unfall-Hilfe: www.johanniter.de)가 있습니다. 두 단체를 보면 모두 적색 바탕에 흰 몰타의 십자가를 그 로고로 하고 있음을 알 수 있습니다. 이 기사단은 약 4만 2천 명의 의사들, 간호사들, 보조원들과 전 세계 120개국에서 온 약 8만명의 자원봉사자들로 구성되어 어린이들, 집이 없는 분들, 장애인들, 난민들, 노인들, 치유가 불가능한 환자들, 나환자들 등을 인종과 종교에 관계없이 섬기고 있습니다. 연합단체인 Malteser International(www.malteser-international.org)은 전 세계의 자연재해, 전염병 및 전쟁피해자들을 돕고 있습니다. 이것은 선교에 있어 나그네를 섬김과 의료 그리고 봉사가 얼마나 중요한지를 우리에게 일깨워줍니다.

바울과 보블리오, 이 두 분은 몰타의 복음화를 이루었을 뿐만 아니라 지금도 전 세계를 향해 하나님 나라를 보여주고 있는 귀한 동역자였으며 축복의 통로였습니다.

밧모섬: 세상의 끝, 하늘의 시작

Patmos: the end of world, the beginning of heaven

밧모섬은 돌로 덮여 있는, 지중해에서 어쩌면 가장 작고 볼품이 없는 섬들 중 하나일 것입니다. (사진 1, 2) 그리고 이곳으로 유배되어 왔던 사도 요한 역시 9순을 넘은 노인으로 세상의 관점에서 보면 별볼일 없는 사람이었을 것입니다.

그런데 그가 오면서 밧모섬 전체가 큰 변화를 경험하게 됩니다. 전승에 의하면 그와 함께 채석 작업을 하던 노예가 갑자기 열병으로 쓰러지자 안수하며 기도하여 낫게 해 줍니다. 나아가 섬에 살던 주민들 중 악령에 사로잡혔거나 병든 사람들도 나음을 얻게 됩니다.

이 소문이 당시 밧모섬을 다스리던 로마 백부장에게 알려졌고 마침 그의 부친이 중병에 걸리자 그는 사도 요한을 집으로 초청하여 기도를 부탁했고 결국 그의 부친도 나음을 얻습

사진 1
www.vacationstogo.com/images/port
s/maps/396_w.gif

사진 2
www.patmostours.com/wp-
content/uploads/2012/09/map1.jpg

니다. 그 결과 밧모섬의 많은 사람들이 사도 요한을 통해 복음을 듣고 믿어 세례를 받게 되었으며 섬 전체가 복음화되는 놀라운 축복을 받게 된 것입니다.

　그 후부터 로마 백부장의 배려로 사도 요한은 더 이상 채석 노동을 하지 않고 산 중턱의 동굴에서 편안히 생활하게 되었습니다. 하지만 그는 그곳에서 계속해서 교회를 위해 간절히 중보 기도하였는데 그가 얼마나 기도에 힘썼는지 그의 그림을 보면 이마에 굳은 살이 배겨 있는 것을 볼 수 있습니다. 그리고 어느 주일 새벽 그가 기도하던 중 이 세상의 나라가 끝나고 하나님의 나라가 완성되는 놀라운 비전을 보게 되었고 그것을 비서인 브로고르가 기록한 것이 바로 성경 마지막 책인 요한계시록입니다. 사도 요한이 머물던 동굴(Holy Cave of the Apocalypse)은 지금도 잘 보존되어 전 세계에서 순례자

사진 3

www.patmosaktis.gr/media/k2/items/
cache/471bd07fdaa7b040f7ab8b2a13f
8f35b_XL.jpg

사진 4

upload.wikimedia.org/wikipedia/commons
/thumb/9/97/Patmos_-_mosaik_ovanf%
C3%B6r_grottentren.jpg/400px-Patmos_
_mosaik_ovanf%C3%B6r_grottentren.jpg

들의 발길이 끊이지 않고 있습니다. (사진 3, 4)

그 후에도 12세기에 그를 기념한 수도원(Monastery of St. John the theologian)이 건립되었는데 이 수도원은 오스만 투르크의 침략에 방어하기 위해 요새처럼 지은 것으로 유명하며 수도원 내부는 예술성이 매우 뛰어난 성화들로 장식되어 있음을 볼 수 있습니다. (사진 5, 6) 지금 이 사도 요한 수도원과 계시를 받은 동굴은 유네스코 문화유산으로 등재되어 있습니다.

밧모섬을 방문하는 것은 한국이나 미주에서는 쉽지 않겠지만 유럽에서는 그리 어렵지 않습니다. 주요 도시에서 코스(Kos)와 같은 밧모섬 주변의 섬들로 가는 항공편을 이용한 후 거기서 밧모섬으로 가는 페리를 미리 예약할 수 있습니다. 밧모섬에도 약 3천명의 주민이 살고 있으며 숙박시설 또한 잘 되어 있어 휴양지로도 인기가 많습니다.

사진 5 www.dolphin-hellas.gr/photos/patmos-st_john-monastery.jpg

　　사도 요한으로 인해 밧모섬은 복음으로 변화되었고 지금도 그 섬의 수호성인으로 존경 받고 있습니다. 그는 약 18개월간 이 섬에 머문 후 다시 에베소로 돌아와 소천한 것으로 알려져 있습니다. 밧모섬에서 발견한 특이한 점은 사도 요한의 이름 마지막에 '신학자' 라는 타이틀이 붙어 있다는 것이었습니다. 요한복음이 그리스도의 신성을 강조하며 예수님의 사역도 신중하게 선택적으로 다루며 다른 세 공관복음(마태, 마가 및 누가복음)보다 나중에 기록되었다는 점에서 다르고 요한 1, 2, 3서 및 계시록을 깊이 묵상할 수록 그가 얼마나 깊은 신학적 통찰력을 가진 사도였는지 알 수 있는데 특히 계시록은 문학적으로 그리고 구조적으로도 매우 뛰어난 작품으로 인정받

고 있습니다.

세상적으로 볼 때 가장 작고 볼품없는 밧모섬의 한 동굴에서 노사도에게 주님께서는 이 세상의 종말과 동시에 하늘나라 완성의 비전을 보여주셨습니다. 주님께서 알파와 오메가 되시며 역사를 주관하시는 분이시고 마침내 우리에게 최후의 승리를 주신다는 약속은 지금 우리 모두에게도 말로 다 할 수 없는 위로와 격려를 주며 이 소망 가운데 우리가 더욱 인내하면서 이 세상에서 맡은 사명을 잘 감당하도록 영감을 계속 부어주고 있습니다. 이 계시의 말씀을 읽고 듣고 행함으로 우리도 동일한 축복을 받는 주님의 거룩한 백성이 되어야 할 것입니다. (계 1:3)

프릿츨라에서 도쿰까지
From Fritzlar to Dokkum

저는 얼마 전 독일 중부의 작은 도시 프릿츨라(Fritzlar)를 방문했습니다. 시내를 들어가는 순간 중세시대로 타임 머신을 타고 들어온 듯한 착각을 일으킬 정도로 고풍스러운 건물들이 많아 마치 시간이 멈춰 버린 느낌이 들 정도입니다. 하지만 제가 이곳에 온 이유는 단 한 사람 바로 보니파시우스(Bonifatius)를 만나기 위해서였습니다.

그가 태어날 때의 이름은 윈프레드(Winfried)라고 알려져 있는데 영국 남서쪽의 크레디톤(Crediton)이라고 하는 작은 마을에서 673-675년경에 태어났습니다. 베네딕트 수도원에서 신학 훈련을 받은 후 30세에 사제가 되었습니다. 716년에 그는 유럽에 선교사로 오게 됩니다. 먼저 네덜란드의 위트레흐트(Utrecht)에 있던 유럽 최초의 선교사 윌리브로드

사진 1
upload.wikimedia.org/wikipedia/com
mons/thumb/1/18/DomFritzlar_017.jpg/
1200px-DomFritzlar_017.jpg

사진 2
publieke-kunst.keunstwurk.nl/
sites/default/files/imagecache/maxwi
dth/images/publieke-kunst/bonifatius,
%20dokkum.JPG

(Willibrod)를 만났습니다. 하지만 얼마 있지 않아 전쟁이 일
어나면서 윌리브로드는 지금의 룩셈부르크 북쪽에 있는 에흐
터나흐(Echternach)로 내려가 그곳에 수도원을 세웠고 윈프
레드는 다시 영국으로 갔습니다.

하지만 다음해 그는 다시 유럽대륙으로 와서 바로 로마를
방문합니다. 당시 교황이었던 그레고리 2세는 그에게 사도 바
울의 고향 다소에서 4세기에 전설적인 성자였던 '보니파시우
스(선을 행하는 자라는 의미)'의 이름을 주면서 독일의 선교

사로 임명합니다. 그가 처음 독일의 프릿츨라에 왔을 때 그곳 원주민들은 마을에 있는 큰 참나무를 숭배하는 이교적인 신앙을 가지고 있었다고 합니다. 그것을 본 보니파시우스는 도끼를 들고 그 나무를 찍어버렸습니다. 이 장면을 본 사람들은 자기들이 큰 화를 당할 것이라고 염려했지만 아무 일도 일어나지 않자 복음을 받아들였고 그곳에는 지금도 성 베드로 성당이 세워져 있으며 그 성당 앞에는 나무를 벤 후 도끼를 왼손에 들고 오른손에 교회 모형을 든 보니파시우스의 동상이 세워져 있습니다. (사진 1) 그 후 이것은 당시의 이교적 신앙을 뿌리째 뽑아버린 그의 용감한 선교사역의 상징이 되었습니다.

그 후에 그는 마인쯔의 주교로 활동하면서 여러 곳에 교회와 수도원을 세웠고 교회의 조직을 개혁하여 유럽이 복음화되는데 결정적인 공헌을 했습니다. 732년에 그는 다시 로마로 가서 그의 사역을 보고했는데 당시 교황이었던 그레고리 3세는 그를 독일 전체를 대표하는 대주교로 임명합니다. 그 후에 그는 독일 전역에 지금과 같은 교구제를 확립하고 교회의 행정적인 부분들을 현재와 같은 형태로 확립하게 됩니다.

말년에 그는 북쪽으로 올라가 지금 네덜란드의 프리슬란트 지역에 가서 많은 선교의 열매를 거두게 됩니다. 하지만 도쿰이라고 하는 곳에서 복음을 전하다 그들이 많은 재물을 가지고 있을 것으로 생각하고 갑자기 공격해온 도적들에 의해 함께 있던 52명의 사제들과 함께 754년에 순교하게 됩니다. (사진 2) 하지만 그들에게 아무런 재물이 없음을 보고 도적들은 크게 실망하였다고 합니다. 그곳에도 그의 순교를 기념하는 동상과 기념관이 건립되어 있는데 그의 동상을 보닌 성경책을 들고 있습니다. 전설에 의하면 그가 도적들의 칼에 순교 당할 때 사복음서가 적힌 성경을 들었는데 이 성경이 칼의 공격을 한번 막았다고 합니다. 이 성경은 그의 유해와 함께 지금도 독일의 남부 도시인 풀다(Fulda) 성당에 보관되어 있습니다.

그의 선교에 의해 독일은 일찍 복음을 받아들였고 따라서 그는 독일의 사도라고 불리며. 동시에 그는 유럽을 통합한 선교사(unifier of Europe)로도 유럽의 복음화에 가장 크게 공헌한 주님의 일군으로 존경 받고 있습니다. 그의 희생은 한 알의 밀알처럼 결코 헛되지 않고 이렇게 풍성한 열매를 맺은 것을 보면서 우리도 하나님 나라를 위해 희생하고 수고한 것을 주님께서 분명히 갚아 주심을 기억해야 할 것입니다. (요 12:24)

강 가운데 있는 교회
The Church in the river

　발트 3국(리투아니아, 라트비아, 에스토니아)은 유럽에서
도 가장 늦게 복음이 전파된 지역입니다. 현재 리투아니아는
가톨릭이 강하고(전체인구의 80%) 라트비아는 개신교인 루
터교가 34%로 25%의 가톨릭과 20%의 정교회보다 좀더 많으
며 에스토니아는 인구의 75%가 종교가 없는, 가장 세속화된
나라라고 합니다.

　그 중에 저의 관심을 끈 곳은 라트비아였습니다. 왜냐하면
이 나라의 중심을 흐르는 다우가바(Daugava) 강을 따라 수도
인 리가(Riga)에서 남동쪽으로 올라가면 익스킬레(Ikšķile,
독일어로는 Üxküll)라고 하는 곳에 이 나라에 최초로 세워진
교회가 강 가운데 작은 섬 같은 곳에 유적으로 남아있기 때문
입니다. (사진 1) 이렇게 강 가운데 서 있는 것은 수력발전소

사진 1
upload.wikimedia.org/wikipedia/commons/thumb/8/8b/Ik%C5%A1%C4%B7iles_bazn%
C4%ABcas_drupas.jpg/1280px-Ik%C5%A1%C4%B7iles_bazn%C4%ABcas_drupas.jpg

를 건설하면서 강의 수위가 높아졌기 때문입니다.

성 마인하르드(Saint Meinhard: c.a. 1136-1196)는 독일
의 사제로 리보니아(Livonia: 라트비아 주변지역에 살던 부
족의 이름을 따라 부르던 당시 지역 이름)의 최초 선교사요
주교였습니다. 그는 지금도 발트 지역에서 가장 큰 라트비아
의 수도인 리가의 루터 교회(Mariendom)에 잠들어 있습니
다. (사진 2)

그는 독일의 어거스틴 수도회 소속인 세게베르그 수도원
(Segeberg Abbey)에 사제로 있을 때 슬라브족에게 선교했던
비젤린스(Vizelins)로부터 영향을 받아 1184년에 상인들과
함께 리보니아로 가서 이교도들이었던 세미갈리안족

(Semigallians), 라트갈리안족(Latgalians) 그리고 리보니안족 (Livonians)에게 복음을 전해 기독교도로 개종시켰습니다. 그 의 선교 방식은 무력보다는 말씀을 전하는 것에 주력했다고 합니다. 당시 그는 이미 50-60세였고 다우가바 강변 익스킬레 에 정착하여 1184년에 나무로 교회당을 세웠습니다. 리투아 니아인들의 공격 이후 그는 석공들을 고트란드(Gotland)에서 데려와 성을 건축하기도 했습니다. 이 성은 발트 부족들 사이 에서는 최초로 돌로 지은 건축물이었습니다. 살라스필스 (Salaspils, 독일어로는 Holm)에도 개종한 이교도들에게 선

사진 3
www.latvijascentrs.lv/data/images/gallery/
baznicas/Copy%20of%20DSC04288.JPG

사진 4
vanderkrogt.net/statues/Foto/lv/l
v078.jpg

물로 주기 위해 지어진 돌로 만든 성이 있습니다.

그가 1186년에 잠시 독일로 돌아와 브레멘(Bremen)의 하르트비그 2세(Hartwig II) 대주교로부터 익스킬레의 주교로 서품을 받았고 그 후 1188년 9월에 교황 클레멘트 3세(Clement III)에 의해 확정됩니다. 1190년에 클레멘트 3세는 마인하르드의 선교에 다른 수도사들도 동행하도록 허용하였습니다. 새로운 교황인 셀레스틴 3세(Celestine III)는 더 열성적으로 이 선교를 후원하여 선교사 모집을 장려하였고 이 사역에 참여하는 수도사들에게는 음식과 의복에 대한 규제를

면제해주고 면죄부까지 주었다고 합니다. 그 결과 이 선교사역에 참여한 수도사들 중에 로쿰 수도원(Loccum Abbey)에서 온 테오도리히(Theodorich)가 있었습니다.

마인하르드는 하노버에서 온 베르톨드(Berthold) 및 리가 출신의 알버트(Albert)에 의해 승계되었으며 이들은 십자군인 리보니아 검의 형제들(the Livonian Brothers of the Sword)이라는 군대를 조직했고 리보니아 지역 전체가 복음화되었습니다. 1993년에 교황 요한 바오로 2세는 마인하르드를 성인으로 선포하였습니다.

하지만 교회개혁(Reformation)이 일어나자 이곳에도 개혁운동이 일어나 대부분의 교회는 루터교회가 되었고 익스킬레에는 마인하르드를 기념하여 루터교회가 서 있습니다. (사진 3) 최근에 그 교회 옆에 가톨릭교회도 그의 동상을 세우고 (사진 4) 기념교회를 건축하기 시작하여 거의 마무리단계에 있습니다. 한 알의 밀알이 떨어져 많은 열매를 맺게 된다는 주님의 말씀을 이 선교사를 통해 다시금 기억하며 우리도 이 시대의 밀알로 살아가야 하겠습니다. (요 12:24)

그린란드 최초의 선교사
The first missionary to Greenland

그린란드는 이 지구상에서 가장 큰 섬인 동시에 인구는 가장 적은(약 5만 7천명) 덴마크의 자치령입니다. 또한 이곳은 여름에는 24시간 해를 볼 수 있지만 겨울에는 24시간 해를 볼 수 없는 어두운 계절입니다. 이 섬에는 캐나다에서 건너온 것으로 보이는 원주민들인 이누이트(Inuit)족이 오래 전부터 살고 있었으나 986년에 노르만 족인 에이리크(Erik the Red)에 의해 발견되면서 이 섬의 이름을 '초록의 땅'이라는 뜻의 '그린란드'라 이름 지었습니다. 이 때부터 노르만 족이 이곳에 정착하기 시작했으나 원주민들과 충돌이 잦았고 척박한 환경 및 자신들의 문화를 보존할 자원의 부족으로 인구 증가에 큰 어려움을 겪다가 유럽에서 흑사병이 유행하면서 교류가 완전히 중단되어 결국 노르만 족 거주지는 소멸되었습니다.

사진 1
upload.wikimedia.org/wikipedia/
commons/thumb/1/10/Hans_Ege
de.jpg/242px-Hans_Egede.jpg

(ko.wikipedia.org/wiki/그린란드)

하지만 18세기 초에 이곳이 덴마크에 의해 재개척되면서 이 섬에 최초로 복음을 전한 선교사는 노르웨이 출신인 루터란 선교사 한스 에그더(Hans Egede: 1686-1758)입니다(사진 1). 그는 1728년에 지금의 수도인 누크(Nuuk)에서 첫 사역을 시작했습니다. 따라서 그는 지금도 그린란드의 사도(the Apostle of Greenland)로 불립니다.

그는 노르웨이 북극 근처인 하스타트(Harstad)에서 태어났습니다. 그의 할아버지가 덴마크의 성직자이어서 그는 1704년에 코펜하겐 대학에 가서 신학을 공부했습니다. 졸업 후 안수를 받아 로포튼(Lofoten)에서 목회를 하다가 그린란드에 관해 듣게 되었고 소명을 느껴 1711년에 그는 덴마크 왕 프레드릭 4세(Frederick IV)의 허락을 받아 그곳에 가서 선교사역을 시작하게 되었습니다. 당시 북유럽의 작은 나라 덴마크는 개신교 국가들 중 선교의 시급성을 가장 먼저 인식한 나라 중 하나로 당시 국왕이었던 프레드릭 4세는 독일 경건주의, 특히 할레(Halle)에서 활동하던 프란케(A.H. Francke)의 영향을 받아 1714년에 선교회를 설립하였고 이 그린란드 프로젝트를 후원하였습니다.

에그더는 베르겐 그린란드 회사(Bergen Greenland Company)를 설립하여 '회망' 호 및 두 개의 작은 배를 타고 가족들 및 40명의 선원들과 함께 1721년 5월 2일 베르센을 떠나 7월 3일 그린랜드의 누프 캉거루아(Nuup Kangerlua)에 도착하여 사역을 시작했습니다. 그의 아내 게르트루드(Gertrude)는 그보다 13살이나 연상이었지만 믿음은 남편보다 더 강하여 선교 사역 내내 큰 위로와 격려로 힘을 실어 주었다고 합니다.

당시의 선교 사역은 소위 자비량 선교(a tent-making program)이어야만 했습니다. 즉 원주민들과의 교역을 통한 선교였던 것입니다. 하지만 원주민들과의 접촉은 매우 어려웠습니다. 그들은 샤머니즘적 미신이 너무 강해 처음에는 사역이 별로 성공하지 못했습니다. 원주민들의 외모는 매우 불쌍해 보였으며 전혀 교육을 받지도 못했고 특히 한번도 목욕을 하지 않아 냄새가 매우 심했다고 합니다.

선교지에서 첫 예배를 드렸으나 원주민은 한 명도 나오지 않았습니다. 왜냐하면 그들은 이 한스도 다른 무역상인들처럼 조금 후 다시 자기 나라로 돌아갈 사람으로 생각했기 때문입니다. 하지만 계속해서 헌신적으로 그들을 섬기자 원주민들도 마음의 문을 조금씩 열었습니다. 그들이 배고플 때 먹을 것을 주었고 죽으면 장례를 치러 주었습니다. 그리고 죽음 이후에 하나님 나라의 영원한 축복에 대해 전해 주었습니다. 특히 1733년에 천연두가 무역선으로부터 섬으로 들어와 섬 전체를 휩쓸자 한스와 그의 아내는 헌신적으로 이 원주민들을 돌보았습니다. 이러한 모습에 감동을 받은 원주민들이 복음을 받기 시작했으며 그의 아들 폴(Paul)은 현지 언어를 완벽하게 구사하면서 성경을 번역하고 복음을 증거하여 많은 열매를 거두게 되었습니다. 1724년에 그는 처음으로 어린이들에게 세례를 주었는데 그 중에 두 명이 덴마크에 와서 진젠도르프(Zinzendorf)에게 영감을 불어넣어 모라비안 그리스도인들의 그린란드 선교도 시작되었습니다.

에그더는 당시 덴마크 왕에게 보낸 편지에서 이렇게 담대하게 말했다고 합니다. "이교도들이 존재하는 한 모든 그리스도인들에게는 선교의 의무가 있습니다. 만약 그리스도인들이 이교도들과 단지 무역만 하는 데 만족한다면 엄중한 심판을 받을 것입니다." (gfamissions.org/pages/learn-and-promote/detail/3/32/)

그린란드에 천연두가 돌자 전체 인구의 절반이 사망했고 아내도 소천하게 되었습니다. 15년의 사역 이후 아내의 장례를 위해 에그더는 코펜하겐으로 돌아왔는데 그린란드 선교신학원의 총장으로 임명되었고 1741년에는 그린란드 루터교회

사진 2
cdn.simplesite.com/i/c9/91/284571206596792777
/i284571214387157376,_szw1280h1280_.jpg

사진 3 s3-eu-west-1.am
azonaws.com/condidact.
dk.images/0c52369fb488
38f896581c3b371d7117-
26922,no_watermark,302
_450.jpg

의 총회장이 되었습니다. 1747년에는 그린란드에서 사용되는 요리문답이 완성되었으나 1758년 그는 72세의 나이로 덴마크에서 생을 마감하였습니다. 현재 그린란드에는 그의 이름을 딴 마을(Egedesminde)도 있으며 그를 기념하는 교회도 누크에 있고(사진 2) 그의 동상도 누크(사진 3)와 코펜하겐에 세워져 있습니다. 그의 자녀들 및 손자도 대를 이어 그린란드의 선교사가 되었습니다. 눈물로 복음의 씨앗을 뿌리는 사람은 정녕 기쁨으로 단을 거둘 것입니다(시 126:6).

연꽃 위의 십자가
The cross on the lotus

저는 몇년 전 컨퍼런스 참석차 홍콩을 다녀왔습니다. 컨퍼런스 이후에 잠시 홍콩 북부 구룡반도에서 심천 방향으로 7km 정도에 있는 도풍산(道風山, Tao Fong Shan)을 방문하였습니다. 이곳에는 노르웨이 루터교회 선교사였던 칼 루드비히 라이헬트(Karl Ludvig Reichelt: 1877-1952)가 세운 기독센터(www.tfscc.or)가 있기 때문입니다.

라이헬트 선교사는 중국의 다른 지역에서 사역하다가 이곳에 와서 불교 사찰과 신자들이 많은 이 지역에 복음을 전하면 홍콩과 광동성 일대에 복음이 확산될 것으로 생각하여 매일 기도하며 성경을 묵상하는 동시에 불교에 관해 승려들로부터 배우기 시작했습니다. 어느 정도 불교 사상을 연구한 후 승려들과 대화를 시도하였고 나중에는 삭발한 후 승복까지

사진 1 www.tfscc.org/admin//img/20150922/20150922173945_65272.jpg

입고 사찰로 들어가 승려들과 함께 생활하며 복음을 전하였으나 그리 쉽지는 않았습니다. (사진 1) 수 년간 복음의 열매를 거두지 못하자 노르웨이 선교본부에서는 선교사 자격을 박탈하려 하였고 32년이 흐르는 사이 본국과 연락이 단절되었습니다.

하지만 하나님께서는 라이헬트 선교사의 중심을 보시고 32년만에 승려 70여명을 전도하고 세례를 베푸는 역사가 일어났습니다. 그래서 원래 불교 사찰이었던 건물은 지금 교회, 기독 수양관 및 문화센터로 변했습니다. 도풍산 기독센터(Tao Fong Shan Christian Centre, 道風山基督敎叢林)는 1930년에 건립되었으며 라이헬트 선교사는 지금도 도풍산

사진 2
upload.wikimedia.org/wikipedia/commo
ns/thumb/3/3e/Shan_MainChurch1.jpg/
720px-TaoFungShan_MainChurch1.jpg

기독묘지에 안치되어 있습니다. 이 센터에는 채플, 도서관, 게스트하우스 그리고 예술품 판매가게가 있습니다.

채플은 소위 그리스도의 성전이라고 불리며 팔각형 구조로 되어 있고 주일 예배가 드려집니다. 이 성전은 덴마크 건축가인 요하네스 프립-묄러(Johannes Prip-Møller)가 설계하였는데 외형으로 보면 사찰건물처럼 보이지만 들어가 보면 강단 및 긴 의자들이 있고 입구에는 성경, 찬송가 및 전도지가 준비되어 있습니다. (사진 2) 강단 중앙에는 도성육신(道成肉身), 즉 말씀이 육신이 되신 예수 그리스도를 써 놓았으며 (사진 3) 연꽃 위의 십자가가 있습니다. 이것이 본 센터의 로고인데 중국에서 연꽃은 "어려운 상황에서도 높은 수준의 도덕적 기준을 성취"하며 "순수한 깨달음을 얻는" 원리를 상징합니다. (사진 4)

예술품 판매가게에는 다양한 중국식 그림, 수공예품 등이 있으며 최근 온라인 쇼핑도 가능합니다. 순례자의 홀(Pilgrim's Hall)은 게스트 하우스로 사용되고 있으며 컨퍼런스 홀, 식당

사진 3
www.dangdangnews.com/news/phot
o/201303/20904_39224_210.jpg

사진 4
s-media-cache-ak0.pinimg.com/
236x/95/d5/3e/95d53e30e5892ed157
4c25caaf39f134—tao-church.jpg

및 라운지도 있어 다양한 수련회 장소로 사용되고 있으며 센터 옆에는 루터란 신학교도 있습니다. (www.lts.edu)

연꽃 연못 옆에는 미궁(Labyrinth)이 있는데 주로 기도와 묵상을 위해 만들었습니다. 입구 문에는 "좁은 문으로 들어가라...많은 사람들이 넓은 길을 찾지만 생명으로 인도하는 문은 좁고 협착하다"(마 7:13-14)라고 적혀 있으며 문을 들어가면 도시가 내다보이는 언덕에 흰색 십자가가 서 있습니다. 이 십자가에는 한자어로 "成了" 즉 예수님이 십자가 상에서 마지막으로 하신 말씀인 "다 이루었다"가 쓰여있습니다. (사진 5) 이 센터의 상징물인 십자가는 12미터 높이이며 방문객들에게 매우 유명합니다. 옆에 있는 정자에는 성경의 사복음서 내용들이 동양화로 그려져 있으며 나가는 문에는 "너희는

사진 5
TaoFungShan_Cross.jpg/800px-
TaoFungShan_Cross.jpg

가서, 모든 민족을 제자로 삼아서, 아버지와 아들과 성령의
이름으로 세례를 주고,내가 너희에게 명령한 모든 것을 그들
에게 가르쳐 지키게 하여라....” (마 28:19-20)는 말씀이 기록
되어 있습니다. 성전 뒤쪽으로 가면 기도굴이 있어 참회와 기
도로 영성을 수련하기에 적합합니다. (사진 6)

"도(道,Tao)"는 "길"이지만 성경에 나타난 "로고스(the
Logos)", 즉 그리스도를 의미합니다. "풍(風, Fong)"은 문자
적으로 번역하면 "바람(Wind)"이며 여기서는 성령(the Holy
Spirit)을 상징합니다. 따라서 "도풍산"은 "그리스도의 바람
이 부는 산(The Mountain of the Christ Wind)"이라는 의미

사진 6
img.hompee.com/File_Process.php?SiteID=62802&m=image&ft
=18&FN=26.jpg&ext=jpg&FNc=134812757177.jpg

입니다.

본 센터는 기독교적 영성, 예술 및 예배를 상황적으로 증진, 발전시키며 신앙 간 및 문화적 대화 및 대화를 격려하기 위해 세워졌습니다. 동양의 사상과 문화적 구조(structure)를 이해하고 존중하면서 그 방향(direction)을 복음으로 변혁시킨 라이헬트 선교사의 무덤에는 이러한 문장이 새겨져 있습니다. "나는 주님의 영광을 보았습니다 (我見過神的榮光)." (사진 6)

동남아 선교 허브: 치앙마이
The Hub of Southeast Asian missions: Chiang Mai

지난 2017년 2월에 저는 태국에 잠시 머물면서 많은 것들을 배웠습니다. 처음 방문하였기에 제가 받은 첫 인상은 태국 국민들이 너무나 친절하고 부드럽다는 것이었습니다. 두 손을 모아 인사하는 공손한 모습과 그런 자세에서 묻어 나오는 삶의 방식은 여러 가지 현상에서 느낄 수 있었습니다. 가령 태국 최대의 도시 방콕은 매일 교통이 혼잡하기로 유명하지만 그 어디에도 경적 소리를 들을 수 없었습니다. 술을 팔기는 하지만 주정하거나 행패를 부리는 사람은 볼 수 없고 주거 지역에도 큰 소리를 내거나 공공 장소에서 무례한 행동을 하는 사람은 거의 찾아볼 수 없습니다. 서로 양보하면서 서두르지 않고 나름대로 질서를 지키는 모습에 깊은 감동을 받았습니다.

동시에 국왕의 서거에 대해 1년간 애도 기간을 정해 국민들이 자발적으로 검정색 조의를 입고 매일 끊임없이 방콕의 왕궁을 방문하는 모습을 보면서 세상을 떠난 지도자에 대한 국민들의 진정성 있는 존경심도 확인할 수 있었습니다.

파타야에 며칠 머물면서 느낀 점은 하나님의 나라와 어둠의 나라가 극한적으로 대립하고 있다는 것입니다. 세속적인 관점에서 보면 아시아의 하와이로 불리는 이 유명한 해변 휴양도시는 추운 겨울을 피해 온 유럽의 연금 노령자들의 천국입니다. 값싼 물가에 넘쳐나는 젊은 태국 여성들 그리고 환상적인 날씨가 그들을 기다리고 있기 때문입니다. 동시에 Walking Street에서 볼 수 있는 것처럼 소돔과 고모라 같은 타락의 모습이 분명히 보입니다. 하지만 이와 동시에 주님의 역사하심도 볼 수 있었습니다. 교민들이 믿음으로 현지인 선교에 힘쓰고 있었으며 태국 최대의 인기 스포츠인 축구를 선교의 도구로 효과적으로 활용하시는 분도 있음을 확인할 수 있었습니다.

하지만 무엇보다 가장 깊은 인상을 받은 곳은 치앙마이였습니다. 단순히 관광지나 휴양지로서가 아니라 동남아 선교의 허브라는 점이었습니다. 일단 이곳은 불교가 압도적인 태국에서 오히려 기독교 선교의 역사가 깊고 그나마 태국의 대표적인 개신교회 교단인 CCT(Christian Church in

Thailand) 본부 그리고 그 본부 산하 다양한 기관들이 있으며 복음화율도 상당하기 때문입니다. 한국에 복음이 처음 들어올 때와 비슷한 시기에 이곳에 왔던 선교사님들이 헌신하여 세우신 교회들과 맥코믹(McCormick) 병원(사진 참조), 파얍(Payap)대학 그리고 특히 나환자 수용 및 치료 시설을 돌아보면서 그 분들의 수고가 헛되지 않았음을 새롭게 느낍니다.

아울러 이곳은 연중 온화한 기후뿐만 아니라 국제공항이 동남아 주요 도시들을 연결해 주고 있어 주변의 여러 나라 선교사님들이 모여 회의를 할 수 있으며 물가도 저렴해 부담이 적습니다. 중요한 또 한가지는 주변 선교사님들의 자녀들을 맡아 키워주는 좋은 기독학교들이 있어 태국 뿐만 아니라 중국, 미얀마, 라오스, 방글라데시 등 대부분의 선교사님들 자녀들이 이 치앙마이에 모여있습니다. 그래서 올해부터 이들을 대상으로 유스 코스타가 정식으로 개최되어 성공적으로 마무리되었고 동시에 이 2세 사역이 그 동안 잘 연합되지 않았던 1세 교민 사회 및 한인교회들로 하여금 서로 협력하게 만드는 결정적인 계기가 되어 참으로 감사했습니다. 나아가 이 2세들을 돌보면서 키우는 사역을 전문으로 하시는 선교사님들도 보면서 매우 필요하다고 공감했습니다. 그래서 그런지 적지 않은 한인 선교사님들께서 이 치앙마이에 계심을 볼

사진 1

수 있었는데 서로의 사역을 존중하면서 협력하여 하나님 나라를 이루어갈 수 있기를 바랍니다.

동시에 저는 태국을 지배하는 불교적 세계관도 보다 깊이 볼 수 있었습니다. 소승불교가 절대 다수이지만 좀더 관심을 가지고 살펴 보면 여전히 힌두교와 혼합되어 있고 두 세계관의 공통점인 윤회사상, 즉 순환론적 역사관이 이들의 삶 깊은 곳에 자리잡아 운명론(fatalism) 및 체념론에 갇혀 무엇인가 새로운 발전을 위해 노력하는 모습을 찾아보기는 쉽지 않았습니다. 비록 중국계 자본에 의해 경제는 발전하고 있지만 대부분 부동산 개발에 집중되어 있고 자동차 및 전자제품과 같은 공산품들은 국내 브랜드가 거의 없는 대외 의존적 구조를 볼 수 있었습니다.

바라기는 태국의 그리스도인들이 이 나라에 와 있는 선교사들과 협력하여 하나님의 말씀으로 태국을 변화시킬 수 있는 인재들을 많이 배출하여 주변의 여러 동남 아시아 나라들에 복음과 축복을 나눠주는 통로가 되길 기원합니다.